Jeremy Jennings

Gemeinde auf den Knien

Der Gebetsdienst in der Gemeinde

Jeremy Jennings

Gemeinde auf den Knien

Der Gebetsdienst in der Gemeinde

Projektion J

Dem Andenken meiner Mutter
Victoria Jennings (1923–1996)
gewidmet.

Titel der Originalausgabe:
The Church On Its Knees

Published by HTB Publications, London

1. Auflage 2000

ISBN 3-89490-358-9

Auf der Grundlage der neuen Rechtschreibung.

Übersetzung: Annette Schalk
Umschlaggestaltung: Ursula Stephan
Umschlagfoto: Stone, David Job
Satz: Nicole Schol, Projektion J Verlag
Druck und Verarbeitung: Ebner Ulm

Inhalt

Vorwort zur deutschen Ausgabe

Es gibt Gemeinden, die einen Pfarrer anstellen, um ausschließlich Gebet zu fördern. Diese Gemeinden stellen besondere Erwartungen an das Gebet.

Jeremy Jennings ist ein solcher Pfarrer in der anglikanischen Kirche *Holy Trinity Brompton* in London. Von dieser Gemeinde sind nicht nur der ALPHA-Kurs und Modelle des *Church Planting* ausgegangen; auch eine besondere Intensität des Gebetes hat hier ihren Platz. Wenn sich jemand so für das Gebet engagiert und das nötige Maß an Kreativität mitbringt, entwickeln sich neue Formen und Schwerpunkte und eine ungeahnte Dynamik.

Jennings sieht im persönlichen privaten Gebet zwar Grundlage und Voraussetzung für das Beten in Gemeinschaft, aber ihm geht es zuerst um das Gebet in Gruppen und in gottesdienstlichen Versammlungen. Das gemeinschaftliche, gesprochene Gebet wird auffällig stark immer wieder mit Doxologie (Lobpreis) verbunden. Und wo mitreißendes Singen dem Gebet zugeordnet wird, entwickelt sich die Freude zum Beten wie von selbst.

Das Gebet der Gemeinde soll den Beterinnen und Betern Freude machen; das Gefühl von Pflicht und Last soll abgelöst werden. Jennings vermittelt in seinem Buch etwas von dieser Freude und diesem Elan am Gebet. Neben vielen praktischen Ratschlägen liegt hier der größte Gewinn für den Leser, der mit der Gemeinde beten will.

Jennings hilft, die Gebetstreffen von Gemeinden und Gruppen ernster zu nehmen als bisher. Die sorgfältige Vorbereitung der Treffen und Kreativität sind ihm wichtig. Hier liegt das Interesse, das alle Überlegungen lenkt. Dahinter steht das Wissen: Es geht um etwas so Wesentliches und alles Bestimmendes, das für die Gemeinde und ihre Entwicklung durch nichts zu ersetzen ist.

Zum Lob Gottes beginnt Jennings in seinen Gebetstreffen mit Psalmen. Damit schließt er an seine anglikanische Tradition an. Und er scheut sich nicht – da zeigt sich seine eigene Gemeindeerfahrung – vorzuschlagen, ein Tonband als musikalische Grundlage mitlaufen zu lassen, wenn kein Musiker anwesend ist. Dann beschreibt er andere, auch ungewohnte Elemente im Ablauf der Treffen. Er schildert z. B., wie es möglich ist, dass alle gleichzeitig beten. Als ich diese Art zu beten unter seiner Leitung zum ersten Mal erlebte, war ich erstaunt, wie gut sie gelingt.

So kommen Neues und Bekanntes für Jennings zusammen. Aber in jedem Fall geht es um Erprobtes. Das macht dieses Buch so hilfreich. Und die Freude und das Interesse am Gemeinsamen werden wachsen.

Pastor Dr. Reinhard Steffen, Hamburg

Vorwort

Es ist in gewisser Weise seltsam, dass manche Menschen – und dazu zähle ich auch mich selbst – so lange brauchen, um das Gebet als eines der grundlegendsten Prinzipen geistlichen Lebens zu entdecken. Aber ich bin dafür dankbar, dass diese Wahrheit langsam durchdringt! Das Fundament des »Glaubenshauses«, nach dem wir uns alle sehnen und von dem wir allmählich so ermutigende Zeichen sehen, besteht vor allem aus Gebet.

Wir machen die Erfahrung, dass Gott seinen Heiligen Geist aussendet und in immer mehr Christen ein Gefühl dafür weckt, wie wichtig das Gebet für die christliche Gemeinschaft ist. In den vergangenen Jahren wuchs die Beteiligung an den Gebetsversammlungen unserer Gemeinde beträchtlich und daran hatte Jeremy Jennings großen Anteil. Mit seiner besonderen Art von Humor und viel Energie hat er den Auftrag der Gemeinde zum gemeinsamen Gebet mit Begeisterung und Leben erfüllt. In der Gemeinde Interesse zu wecken und die Salbung des Heiligen Geistes zu kanalisieren ist nicht einfach. Die Kirche verdankt Jeremy Jennings und allen Betern mehr, als wir möglicherweise jemals wissen werden.

Dieses Buch ist in erster Linie ein Buch für die Praxis, und wir hoffen, dass es jede Gemeinde in die Lage versetzen wird, Anteil an dem zu nehmen, was Gott aufbaut, und gleichzeitig Spaß daran zu haben.

Sandy Millar
Holy Trinity Brompton
1998

Einführung

»Damals begann man den Namen des Herrn anzurufen« (Gen 4,26b).

Am 9. Februar 1997 druckte der *Sunday Telegraph* einen ganzseitigen Artikel unter der Überschrift »Die Gemeinde auf Knien«. Darin folgte ein pessimistischer Bericht über den Rückgang von Besucherzahlen und so weiter. Als ich diesen Titel sah, dachte ich sofort: *Die Kirche auf den Knien – das ist nicht das Problem – es ist die Lösung!*

Es ist nichts Neues, dass es mit einer Gesellschaft, die Gott den Rücken zukehrt, bergab geht. Die Geschichte des Volkes Israel zeigt dies ein ums andere Mal. Dasselbe können wir an der Nachkriegsgeschichte unseres eigenen Landes nachvollziehen. Die Kirchen haben massive Mitgliederverluste zu verbuchen und gleichzeitig stieg beispielsweise die Verbrechensrate drastisch an. Viele Menschen, vor allem junge, fühlen sich entfremdet, isoliert, apathisch oder frustriert. Sie tendieren dazu, nicht zur Wahl oder in die Kirche zu gehen, weil sie alles infrage stellen und gegen Autoritäten rebellieren, und ihre Frustration nimmt immer mehr zu. Wenn es je für das Volk Gottes an der Zeit war, »den Namen des Herrn anzurufen«, dann muss das heute sein. Wenn wir Gott ausdauernd anrufen, können wir damit das Fundament für eine gesündere Kirche und für eine gesündere Gemeinde legen.

In den folgenden Kapiteln erwähne ich manchmal die Zahl der Personen, die in unserer Gemeinde in Gebetsaktionen involviert sind. Ich möchte betonen, dass wir in der *Holy Trinity Brompton*-Gemeinde (HTB) 1990 unsere zentralen Gebetsversammlungen mit nur einer Hand voll Leute begannen, die sich einmal pro Woche trafen. Obwohl ihre Zahl seitdem beträchtlich angestiegen ist, wird nicht jedes Treffen gleich gut besucht, und nicht jedes Treffen entspricht voll unseren Erwartungen. Auch erleben wir nicht auf jedes Gebet eine unmittelbare Antwort. Wir können also nur über unsere eigenen Erfahrungen berichten. Und darüber hinaus ist unser Ansatz nicht der einzige und sicherlich auch nicht der einzig richtige.

Doch ich möchte jeden ermutigen, der darüber nachdenkt, eine Gebetsveranstaltung in seiner Gemeinde ins Leben zu rufen, dies zu tun und Gott das Ergebnis zu überlassen. Wir haben erlebt, wie er uns Schritt für Schritt geführt hat. Wir haben auch erfahren, dass gemeinsames Gebet lebenswichtig für unser Wohlbefinden und die Effektivität unserer Gemeinde ist.

Ich möchte den Menschen danken, die bereits beteten,

bevor wir in der HTB mit den offiziellen Gebetsversammlungen angefangen haben. Außerdem danke ich denjenigen, die seitdem mit mir an der Entwicklung dieser gemeinsamen Gebetstreffen gearbeitet haben. Ohne sie und ohne die Menschen, die diese Gebetstreffen treu unterstützt haben, gäbe es hier keine Geschichte zu erzählen. Ich bin auch all denen sehr dankbar, die an der Entstehung und Herstellung dieses Buches beteiligt sind.

Und schließlich möchte ich auch meiner Frau Milly und unseren Kindern für ihre Liebe und Unterstützung in allem danken.

Kapitel 1

Welche Bedeutung hat das Gebet?

»Wenn ihr betet ...« (Mt 6,5a).

Wie wahrscheinlich jeder Christ, den ich kenne, dachte ich immer, dass Gebet eine gute Sache sei, aber ich habe lange gebraucht, um zu erkennen, wie viel wirklich davon abhängt. Beten ist für uns oftmals so selbstverständlich wie die Luft, die wir atmen, aber wir spüren seine Auswirkungen in jedem Bereich unseres Lebens. Zum einen beten Christen, weil sie selbst und andere die Erfahrung machen, dass Gebet Folgen hat. Aber zum anderen lernen wir auch, dass wir auf diese Weise eine tiefe Beziehung zum Vater entwickeln können, nach der wir uns alle sehnen.

Im 8. Kapitel des Römer-Briefes spricht Paulus davon, dass der Heilige Geist bezeugt, dass wir Gottes Kinder sind: »... [der] Geist, in dem wir rufen: Abba, Vater!« (Vers 15b). Er schreibt weiter: »So nimmt sich auch der Geist unserer Schwachheit an. Denn wir wissen nicht, worum wir in rechter Weise beten sollen; der Geist selber tritt jedoch für uns ein mit Seufzen, das wir nicht in Worte fassen können« (Vers 26). Auf der einen Seite zieht uns also der Heilige Geist in den Kreis der Familie Gottes, und auf der anderen Seite hilft er uns bei dem, was wir sagen, wenn wir in die Gegenwart Gottes kommen. In diesem Sinn macht er im Grunde alles, aber wir müssen noch immer reagieren, indem wir beten.

Der Verfasser des Hebräer-Briefes spricht von Jesus als demjenigen, der »vollständig und für immer alle retten [kann], die sich durch ihn an Gott wenden. Er lebt für immer, um bei Gott für sie einzutreten« (Hebr 7,25). Es ist erstaunlich, wenn wir darüber nachdenken, dass Jesus in diesem Augenblick und zu jeder Zeit für uns betet. Das Gebet sollte für uns die Funktion haben, in den göttlichen Dialog einzutreten, der bereits im Gange ist. Mit der Hilfe des Heiligen Geistes sollten wir uns darum bemühen, zuzuhören und dann in den Dialog einzusteigen, indem wir in das einstimmen, was wir hören. Auf diese Weise zieht uns Gebet in die Gemeinschaft mit der Dreieinigkeit und wird nur in diesem Kontext wirklich effektiv.

Die Gegenwart Gottes

Mose erlebte eine Beziehung zu Gott, wie sie in dieser Form wohl einmalig war: »Und der Herr redete mit Mose von Angesicht zu Angesicht, wie ein Mann mit seinem Freund redet« (Ex 33,11; Elberfelder). Im selben Kapitel erfahren wir, dass Mose betete: »Wenn du nicht mitgehst, wäre es besser, du ließest uns hier bleiben. Woran sollen wir denn erkennen, dass wir in deiner Gunst stehen, ich und dein Volk? Doch nur daran, dass du mit uns ziehst und uns dadurch vor allen anderen Bewohnern der Erde auszeichnest, nicht nur mich, sondern auch dein ganzes Volk« (Vers 16).

In den Worten Moses wird seine Leidenschaft für Gott erkennbar. Für ihn war die sichtbare Gegenwart Gottes kostbarer als das Leben: Ohne Gott waren er und sein Volk verloren – dann unterschieden sie sich in nichts von allen anderen Menschen. Tatsächlich wäre ihr Elend noch größer als das der anderen, da sie die Gegenwart Gottes verloren hätten, die sie zuvor genossen hatten. Dieses entscheidende Merkmal unterschied sie damals von allen anderen Menschen. Warum sollte es heute für das Volk Gottes anders sein?

Angenommen, Mose und sein Volk wären ohne Gott weitergegangen, dann wären sie ein Volk gewesen, das zwar von Gott wusste, ihn aber nicht richtig kannte – ein schrecklicher Zustand. Das wäre eine Tragödie gewesen. Und wir sehen uns heute in der Kirche vergleichbaren Gefahren gegenüber. So wichtig die richtige Theologie auch ist, sie alleine wird uns nicht zufrieden stellen. Wir brauchen Beziehung. Und wir sind nur das, was wir auf unseren Knien vor Gott sind. Zum Glück brachte die Antwort Gottes Mose die Beruhigung, die er suchte:

»Ich werde auch diese Bitte erfüllen, weil du in meiner Gunst stehst und mein Vertrauter bist« (Ex 33,17).

Das ist der Kern der Sache: *Gebet ist Kommunikation mit Gott.* Wenn wir also beten, egal, ob alleine oder zusammen mit anderen, sind wir von Gottes Gegenwart abhängig. Wir müssen um dieselbe Antwort beten, die Mose von Gott bekam. Ich würde eine Gebetsveranstaltung lieber in dem Wissen verlassen, in der Gegenwart Gottes gewesen zu sein, als in dem Bewusstsein, eine lange Liste von Anliegen systematisch abgearbeitet zu haben. Antworten auf Gebetsanliegen sollten als Ergebnis einer lebendigen Beziehung zu unserem liebenden himmlischen Vater angesehen werden. Schließlich macht auch Jesus mehrfach deutlich, dass Gott schon weiß, was wir brauchen, *bevor* wir ihn darum bitten (Mt 6,8).

Einer der größten Gebetsaufrufe in der Bibel findet sich in 2. Chronik, Kapitel 7, Vers 14. Der ganze Text ist am Anfang des folgenden Kapitels abgedruckt, in dem ich auch näher auf den Inhalt dieser Verse eingehen werde. Er enthält Gottes Aufforderung, »sein Angesicht zu suchen«. Ich habe darüber oft hinweggelesen und mich auf die anderen Anweisungen in diesem Vers konzentriert. Damit aber habe ich einen wesentlichen Punkt ausgeklammert: *Es ist ein Privileg, dazu eingeladen zu sein, das Angesicht Gottes zu suchen.* Was für eine Vertrautheit – und das im Alten Testament! Mose war an dieser Tiefe seiner Beziehung zu Gott gelegen und er war ein Mann nach Gottes Herzen. Und wie viel mehr sollten wir, die wir im neuen Bund leben, uns um dasselbe bemühen? Der Verfasser des Hebräer-Briefes gibt uns den Ratschlag: »Darum wollen wir mit Zuversicht vor den Thron unseres gnädigen Gottes treten. Dort werden wir, wenn wir Hilfe brauchen, stets Liebe und Erbarmen finden« (Hebr 4,16). Jesus hat uns freien Zugang zum Vater ermöglicht und mit der Hilfe des Heiligen Geistes sollten wir im Gebet dorthin gelangen.

Natürlich gibt es immer auch etwas zu tun, aber unsere höchste Priorität sollte sein, in die Gegenwart Gottes zu kommen. Dort werden unsere tiefsten Bedürfnisse gestillt, und dort finden wir die Richtungsweisung für unser Leben, die wir suchen. Gebet kann ein langer Monolog sein, aber es sollte viel mehr sein; dann nämlich wird es wirklich aufregend und begeisternd.

Wir sollten für uns herausfinden, was es bedeutet, Gottes Angesicht zu suchen; dazu können wir verschiedene Methoden der Anbetung ausprobieren und lernen, auf Gott zu warten und Gottes Stimme zu hören. Das sollte Priorität vor unseren Wünschen und Bedürfnissen haben. Unser höchstes Bedürfnis sollte tatsächlich sein, Gott kennen zu lernen. Bei Mose folgt auf diese Erfahrung unmittelbar eine der größten Selbstoffenbarungen Gottes. Am Ende dieses Abschnittes in Exodus 33 sieht Mose aus einer Feldhöhle heraus die Herrlichkeit des Herrn.

Wenn wir das Potenzial erfassen wollen, das wirklich im Gebet steckt, sollten wir uns auch nach der Erfahrung ausstrecken, die Mose in dieser Höhle machte. Wir hatten einige erstaunliche Gebetserhörungen und loben Gott dafür. Beispiele dafür sind das exponenzielle Wachstum des Alpha-Kurses, eine frische Ausgießung des Heiligen Geistes und die Gemeindegründungen der letzten Jahre. Aber mehr als das alles haben wir die Zeit, die wir alleine oder gemeinsam in der Gegenwart Gottes verbracht haben, zu schätzen gelernt. David formulierte es so: »Nur eine Bitte habe ich an den Herrn, das ist mein Herzenswunsch: Solang ich lebe, möchte ich in seinem Haus bleiben, um dort seine Freundlichkeit zu schauen und seinen Tempel zu bewundern« (Ps 27,4).

Die Macht Gottes

Ich erzähle oft die Geschichte des Mannes, der zu einer der Konferenzen von HTB kam und mir von den »Gebetswochen« in seiner Gemeinde berichtete. Obwohl sie sich nach Wachstum sehnten, passierte nichts. Schließlich hatten sie die Idee, alle Veranstaltungen unter der Woche zu streichen und stattdessen eine Woche lang zu beten. Von diesem Zeitpunkt an begann die Gemeinde zu wachsen; und jedes Mal, wenn sie diese Übung wiederholten, wuchs auch die Gemeinde weiter.

Und diese grundlegende Wahrheit finden wir bereits bei der ersten Gemeinde: Eines der Hauptmerkmale der Gemeinde der Apostelgeschichte war ihre Abhängigkeit vom Gebet. In der Apostelgeschichte finden sich 26 direkte Verweise darauf. *Die Urgemeinde war eindeutig eine betende Gemeinde*. Sie betete nicht nur, wenn sie in Schwierigkeiten steckte (das natürlich auch); sie betete beispielsweise in der Erwartung des Pfingsttages (Apg 1,14), und sie betete auch, als König Herodes Petrus ins Gefängnis werfen ließ (Apg 12,5). Tatsächlich unterbrach Petrus diese Gebetsversammlung, als er in das Haus kam, in dem seine Freunde noch immer für seine Freilassung beteten.

In der ganzen Apostelgeschichte lesen wir von Gruppen und Einzelpersonen, die sich in den unterschiedlichsten Situationen im Gebet an Gott wandten, weil es ganz natürlicher Bestandteil ihres Lebens war. In Apostelgeschichte, Kapitel 2, Vers 42 lesen wir über die Christen dieser Zeit: »Sie alle widmeten sich eifrig dem, was für sie als Gemeinde wichtig war: Sie ließen sich von den Aposteln unterweisen, sie hielten in gegenseitiger Liebe zusammen, sie feierten das Mahl des Herrn, und sie beteten gemeinsam.« Sie taten noch mehr als »nur« beten, aber das Gebet nahm eine zentrale Stellung ein. Und sie machten immer und immer wieder die Erfahrung, dass ihr Gebet Früchte trug.

Als Petrus und Johannes aus dem Gefängnis freigelassen wurden, nachdem sie von den Sanhedrin verhört worden waren, stand die Gemeinde vor einer Krise (Apg 4). Im Namen Jesu zu sprechen oder zu lehren war nun offiziell verboten. Hätten sie diesem Verbot gehorcht, wäre ihre Sache besiegelt gewesen. So aber erfahren wir: »Darauf beteten alle miteinander einmütig zu Gott« (Vers 24a). Und weiter: »Höre nun, Herr, wie sie uns drohen! Gib uns, deinen Dienern und Dienerinnen, die Kraft, deine Botschaft mutig und offen zu verkünden! Hilf uns dabei und zeige deine Macht! Lass Heilungen und andere Wundertaten geschehen durch den Namen deines heiligen Bevollmächtigten Jesus« (Verse 29–30)! Daraufhin wurden alle »vom Heiligen Geist erfüllt und verkündeten die Botschaft Gottes ohne Furcht« (Vers 31), und soweit wir wissen, taten sie dies bis zum Ende ihres Lebens.

Der letzte Satz der Apostelgeschichte berichtet, wie Paulus in Rom unter Hausarrest stand: »Ihnen allen verkündete er, wie Gott jetzt seine Herrschaft aufrichtet, und lehrte sie alles über Jesus Christus, den Herrn – frei und offen und völlig ungehindert« (Apg 28,31). Das vor vielen Jahren gesprochene Gebet, in der er um Mut und Offenheit gebeten hatte, zeigte ganz augenscheinlich immer noch seine Wirkung. Paulus ließ sich von den Drohungen der weltlichen Autoritäten nicht einschüchtern. Die ganze Apostelgeschichte ist ein einziger Bericht über das Eingreifen Gottes durch »Wundertaten«, wie sie in diesem Gebet im 4. Kapitel der Apostelgeschichte erwähnt werden. Wenn die Urgemeinde betete, trug dies Früchte, und das ist es, was wir heute wieder neu entdecken und lernen sollten.

Gott kann die gegenwärtige Situation verändern.

Unsere Kirchen könnten sich wieder füllen, und es könnte eine Zeit kommen, in der wir neue Gemeinden gründen und neue Kirchen bauen müssen. Die christliche Gemeinschaft könnte wieder das Salz und Licht in unserer Gesellschaft sein; ihre Stimme könnte wieder von Menschen gehört und beachtet werden, die Richtungsweisung suchen. Aber nichts davon wird geschehen, wenn wir nicht beten.

Kapitel 2

Beten und Fasten

»Wenn ich den Himmel verschließe und kein Regen fällt oder wenn ich der Heuschrecke gebiete, das Land abzufressen, und wenn ich eine Pest unter mein Volk sende, und mein Volk, über dem mein Name ausgerufen ist, demütigt sich, und sie beten und suchen mein Angesicht und kehren um von ihren bösen Wegen, dann werde ich vom Himmel her hören und ihre Sünden vergeben und ihr Land heilen« (2 Chr 7,13–14, Elberfelder Übersetzung).

Alleine beten

In der Bibel waren die Männer und Frauen, die von Gott außerordentlich gebraucht wurden, auch große Beter. Denken Sie nur an Mose, Daniel, Esther, David oder Paulus, ganz zu schweigen von dem Vorbild Jesu. Wie Bischof Leslie Newbegin sagte, ist Gebet »das Kennzeichen der Christen«. Davon abgesehen, ist gesundes persönliches Gebet entscheidend für die Entwicklung von effektivem Gebet in der Gruppe. Eines meiner Lieblingsbeispiele zu diesem Thema stammt aus dem Leben Isaaks.

Wir lesen im Buch Genesis, Kapitel 25, Vers 21: »Rebekka aber bekam keine Kinder. Deshalb betete Isaak zum Herrn, und der Herr erhörte seine Bitte. Rebekka empfing Zwillinge.« Nicht jeder wendet sich in schwierigen Situationen an Gott. Isaak zeichnete sich dadurch aus, *dass* er es tat. Ich erinnere mich noch daran, wie der amerikanische Pastor John Wimber in unserer Gemeinde für eine Frau betete, die aus medizinischer Sicht keine Kinder bekommen konnte. Neun Monate später wurde ihr erstes Kind geboren. Diesem Kind folgten vier weitere Kinder (und ihr Mann ist inzwischen ordinierter Pfarrer der anglikanischen Kirche!).

In 1. Chronik, Kapitel 4, Verse 9–10 begegnen wir in der Person von Jabez einem eher ungewöhnlichen biblischen Beispiel für persönliches Gebet. Wir erfahren über ihn Folgendes: »Ein Mann namens Jabez war der angesehenste unter seinen Brüdern. Bei seiner Geburt hatte seine Mutter gesagt: ›Ich habe ihn mit Schmerzen geboren‹, und deshalb hatte sie ihn Jabez genannt. Er selbst aber hatte zum Gott Israels gebetet: ›Segne mich und erweitere mein Gebiet! Steh mir bei und halte Unglück und Schmerz von mir fern!‹ Diese Bitte hatte Gott erhört.« Jabez sprach ein Gebet, mit dem wir uns sicher alle identifizieren können, bei dem wir aber zögern, es selbst auszusprechen. Trotzdem lesen wir über Jabez, dass er sehr angesehen war und dass Gott seine Bitte erhörte. Offensichtlich unterschied sich Jabez auch durch sein Gebetsleben von den Menschen in seiner Umgebung.

Ich erlebte 1982 eine ähnliche Gebetserfahrung. Mein Schwager ist Autohändler und stand vor einer Krise, als rezessionsbedingt die Neuwagenverkäufe stark zurückgingen. Es war klar, dass er sein Geschäft aufgeben musste, wenn sich die Situation nicht wesentlich verbesserte. Also entschieden wir uns zu beten (er hatte bereits alles andere versucht!). Wir einigten uns, konkret zu sein und darum zu beten, dass im folgenden Monat – Juli – sechs Autos verkauft wurden.

Ich hatte noch nie zuvor für etwas so eindringlich gebetet, und wir erlebten, wie ein Auto nach dem anderen verkauft wurde, während wir beteten. Sechs neue Autos wurden verkauft und genau am Monatsende ein siebtes. Dieses letzte Auto habe ich immer als besonderes Geschenk und als Ermutigung von Gott betrachtet. Nach ein paar Monaten erholte sich das Geschäft wieder und hat sich seitdem so gut entwickelt, dass zwei weitere Filialen eröffnet werden konnten. Mit dem Ende der Krise ließ leider auch mein Eifer zu beten nach, aber ich hatte nie den geringsten Zweifel daran, dass Gott unser Gebet erhört und das Geschäft gerettet hat.

Es gibt keinen Grund anzunehmen, dass es Isaak oder Jabez leichter fiel zu beten als uns. Aber sie überwanden die Hindernisse, die sich zwischen sie und das Gebet stellten. Selbst auf der untersten Ebene des aus der Not geborenen und um sich selbst kreisenden Gebets erkennen wir an, dass Gott existiert, dass er der Höchste ist und die Antwort auf unsere Nöte in der Hand hält. Wir akzeptieren damit gleichzeitig, dass es Bereiche in unserem Leben gibt, die sich unserer Kontrolle entziehen. Das wiederum bringt Demut mit sich. Wir sollten deshalb lernen, dass es in unserer Verantwortung liegt zu beten, und dann darauf zu vertrauen, dass sich Gott um den Rest kümmert.

Sehr oft beginnt Gebet auf dieser Ebene, bevor es sich weiterentwickelt. Wenn wir Gebetserhörungen erleben, wird Dank zu einem natürlichen Bestandteil unseres Dialoges mit Gott. Wir sollten aus diesem Grund lernen, neben der Bitte auch die Elemente Lobpreis und Anbetung, Sündenbekenntnis, Nachdenken und Zuhören in unser Gebet zu integrieren. Viele Menschen finden auch die Gabe des Sprachengebetes äußerst wertvoll für ihr Gebetsleben.

Beten muss nicht kompliziert sein. Ich habe einmal von einem Mann gehört, der ausgedehnte Zeiten damit verbrachte, in einer Kirche zu sitzen und auf ein Glasfenster zu starren, das ein Bild Jesu zeigte. Als er gefragt wurde, was er da tue, antwortete er: »Ich schaue ihn an und er schaut mich an.« Aber es gibt eine Sache, die jedes Gebet erfordert, und das ist Zeit. Das bedeutet, dass manchmal so etwas wie eine Uhr mit Alarmfunktion hilfreich sein kann.

Gemeinsam beten

Am Anfang der Apostelgeschichte heißt es: »Als Jesus wieder einmal bei ihnen war und mit ihnen aß, schärfte er ihnen ein: ›Bleibt in Jerusalem und wartet auf den Geist, den mein Vater versprochen hat. Ich habe euch sein Kommen angekündigt, als ich euch sagte: ‚Johannes hat mit Wasser getauft, aber ihr werdet schon bald mit dem Geist Gottes getauft werden.‹« (Apg 1,4–5). Am Pfingsttag kam dann der Heilige Geist und erfüllte sie. Petrus sprach zu der Menschenmenge und Tausende kamen zum Glauben an Christus. Aber erinnern Sie sich: Die Jünger sollten warten.

Was machten sie während dieser Zeit? In Apostelgeschichte, Kapitel 1, Vers 14 lesen wir: »Sie alle waren einmütig beieinander und beteten beharrlich um das Kommen des Heiligen Geistes.« Sie hielten es nicht für ausreichend, einfach nur nach Jerusalem zu gehen und zu warten, selbst wenn das alles war, was Jesus offensichtlich von ihnen erwartete. Sie beteten gemeinsam. Sie hatten das Wirken des Heiligen Geistes im Leben Jesu erlebt und sehnten sich danach, dasselbe in ihrem eigenen Leben zu erfahren.

Die Männer und Frauen, die gemeinsam beteten, während sie warteten, waren dieselben, die auch die explosive Evangelisation an Pfingsten und später miterlebten. Für sie gehörten Gebet und der Aufbau der Gemeinde untrennbar zusammen. So sollte es auch für uns sein. Wir brauchen auch heute dynamisches Gebet zur Unterstützung der Arbeit der Kirche. Unsere Erfahrung zeigt, dass – in Zahlen gesprochen – eine Gebetsversammlung etwa 10 % der Mitglieder einer Gemeinde anzieht. Das bedeutet natürlich, dass die Gemeinde aus einem größeren Pool hingegebener Beter schöpfen muss, weil nicht immer jeder zu jeder Gebetsveranstaltung kommen kann.

In gewisser Weise ist gemeinsames Gebet wie die Spitze eines Eisbergs, da es den öffentlich sichtbaren Ausdruck des Betens darstellt. Grundlage dafür ist das private und weniger sichtbare Gebet. Trotzdem war das gemeinsame Gebet wichtiger Bestandteil des Lebens der Urgemeinde und sollte auch heute wieder Teil des Gemeindelebens werden.

In unserem Land gibt es Tausende von Gemeinden. Wenn mehr und mehr unserer Gemeinden erleben würden, wie 10 % ihrer Mitglieder regelmäßig gemeinsam beten, hätte das mit Sicherheit Folgen. Das scheint ein realistisches Ziel zu sein, auf das man hinarbeiten kann. Wenn die Gemeinden und ihr Umfeld sich zu verändern beginnen, gewinnen auch die Gebetsversammlungen an Eigendynamik und die Zahlen der Mitbeter steigen an. Wenn jede beteiligte Gemeinde ein Licht darstellt, könnte der Prozess dazu führen, dass sich das Licht rasch über das ganze Land ausbreitet.

Glenda Waddell ist die »rechte Hand« von Sandy Millar, einer Pfarrerin unserer Gemeinde, und war schon sehr früh an den Gebetsversammlungen der Gemeinde beteiligt. Heute leiten wir beide eine der regelmäßigen Gebetsversammlungen unserer Gemeinde zusammen. Im Folgenden berichtet sie über die Anfänge und die Entwicklung dieser gemeinsamen Gebetsversammlungen.

»Um mehr Menschen die Möglichkeit zu geben, an den Versammlungen teilzunehmen, riefen wir ein neues Treffen am Dienstagmorgen um 7.30 Uhr ins Leben. Ich war daran von Anfang an beteiligt. Wir trafen uns zunächst nur für 30 Minuten, aber die Zeit verging so schnell, dass wir uns entschlossen, früher zu beginnen und das Treffen auf eine Stunde auszudehnen. Unmittelbar danach verdoppelte sich die Zahl der Beter! Das Gebet wurde darüber hinaus immer von Anbetung unterbrochen. Wir experimentierten mit verschiedenen Gebetsformen. Wir erlebten Einheit. Hingabe. Wir waren begeistert, an dem beteiligt zu sein, was Gott tat. Wir sahen, wie Gaben freigesetzt wurden. Unser Glaube wuchs. Was viele von uns als eher langweilige Veranstaltung gefürchtet hatten, entpuppte sich als ein Höhepunkt der Woche.

Nach einer herausfordernden Predigt zum Thema Gebet verdoppelte sich die Zahl der Teilnehmer erneut. Wir starteten weitere Gebetsversammlungen am Donnerstagvormittag und schließlich auch am Mittwoch. Im Laufe der Zeit gab es zusätzliche Initiativen wie Gebetswochenenden, Gebetsnächte und einen beson-

deren Ausflug, um für London auf einem Themseboot zu beten. Und dabei beteiligten sich immer mehr Menschen.
Rückblickend kann man den Weg verfolgen, auf dem Gott das Gebetsleben der Gemeinde wachsen ließ, um so die Arbeit der Gemeinde wachsen zu lassen. Als das Gebet in der Gemeinde intensiver wurde, konnte sich, glaube ich, niemand vorstellen, wie sich die Alpha-Kurse ausbreiten würden. Nun sehen wir, welche Schlüsselrolle das Gebet dabei spielte. Einmal spürte ich, wie Gott sagte: ›Die einzige Zahl, die ich nicht multiplizieren werde, ist die Null.‹ Das heißt, dass jedes Gebet und jeder Beter zählen. Für mich ist das ungeheuer ermutigend.«

Für die Nation beten

Dieses Kapitel begann mit dem Text aus der 2. Chronik: »… und mein Volk, über dem mein Name ausgerufen ist, demütigt sich, und sie beten und suchen mein Angesicht und kehren um von ihren bösen Wegen, dann werde ich vom Himmel her hören und ihre Sünden vergeben und ihr Land heilen« (2 Chr 7,13–14). Gott soll diese Worte zu Salomon gesprochen haben, als der Tempel in Jerusalem geöffnet und geweiht wurde. Das ganze Land lebte zu diesem Zeitpunkt in Frieden und Wohlstand und erlebte eine außerordentliche Manifestation der Gegenwart Gottes und der Freude Gottes an seinem Volk. Trotzdem bemerken wir, dass Gott in die Zukunft sieht und seinem Volk Anweisungen gibt, wie es sich in dunkleren Tagen verhalten sollte.

Gott wendet sich hier an das Volk, über dem sein Name ausgerufen ist. Heute bezieht sich das auf die christliche Gemeinschaft im Allgemeinen. Das bedeutet in meinen Augen gleichfalls, dass wir akzeptieren sollten, dass nur Gott die Antworten auf die Probleme hat, die uns als ganze Nation betreffen. Deshalb sollten wir uns im Gebet an ihn wenden. Auf der Grundlage dieses Textes sehe ich Erweckung als einen Prozess, der in der »Heilung des Landes« gipfelt. Unsere Gesellschaft braucht Veränderung, und ich habe noch von keiner Erweckung gehört, die ohne Gebet begonnen hat.

1857 befand sich New York mitten in einer landesweiten Katastrophe. Ein Börsencrash hatte einen Großteil der Bevölkerung finanziell ruiniert. Am 1. Juli nahm der Geschäftsmann Jeremiah Lanphier eine Stelle als Missionar im Stadtzentrum von New York an. Er entschloss sich, eine Gebetsversammlung ins Leben zu rufen, die mittags stattfinden sollte. In der ersten Woche betete er eine halbe Stunde lang alleine, bis schließlich fünf weitere Personen zu ihm stießen. In der nächsten Woche kamen 20. Innerhalb von sechs Monaten weitete sich das Treffen aus und schließlich kamen jede Woche 10 000 Menschen zum Gebet zusammen. Die Erweckung in Nordamerika hatte begonnen.

Was in unserer Gemeinde 1990 als gemeinsames Gebet für die Sonntagsgottesdienste begann, hat sich inzwischen zu einem eindringlichen Gebet um Erweckung gewandelt. Das beweist die Aussage Billy Grahams über die drei Schlüssel zu Erweckung: Gebet, Gebet und Gebet.

Fasten

Wir sollten uns daran erinnern, dass Jesus als Teil seiner Vorbereitung auf sein Wirken fastete (vgl. Mt 4,2). In der Bibel lesen wir häufig davon, dass das Volk Gottes in schwierigen Situationen fastete. Wenn wir uns in einer ernsten Situation befinden, sollten wir entsprechend damit umgehen. Fasten kann eine der Möglichkeiten sein. Explizit kann Fasten darin bestehen, für einen bestimmten Zeitraum auf eine bestimmte Mahlzeit am Tag oder auf etwas anderes zu verzichten. Aus dem Leben Jesu wissen wir, dass am anderen Ende der Skala steht, 40 Tage lang nichts zu essen.

Man sollte nicht fasten, wenn es aus medizinischer Sicht nicht sinnvoll ist (z. B. während einer Schwangerschaft), wenn es bestehenden Verpflichtungen in die Quere kommt oder gesundheitsschädlich ist. Trotzdem sagte Jesus, »wenn« und nicht »falls« ihr fastet (Mt 6,16). Fasten ist eine wichtige geistliche Übung, die in Verbindung mit Gebet Wirkung zeigen wird. Es ist besser, mit kurzen Fastenzeiten anzufangen und sich dann schrittweise zu steigern und aus den eigenen Erfahrungen zu lernen.

Alleine fasten

Für mich ist es hilfreich, für ein konkretes Ziel zu fasten, zum Beispiel wenn ich Richtungsweisung von Gott brauche oder wenn ich um die Heilung eines Freundes bete. Ich empfehle diese Übung auch, wenn wir wissen, dass in Gottes Augen ein Punkt in unserem Leben nicht in Ordnung ist. Wenn ich faste, kann das bedeuten, dass ich einfach einmal eine Mahlzeit auslasse, bis dahin, dass ich mehrere Tage völlig auf Nahrung verzichte und auch andere Dinge für einen längeren Zeitraum aufgebe. Es fällt mir nie leicht, aber es versetzt mich in die Lage, Gott deutlicher zu hören und eine tiefere Beziehung zu ihm aufzubauen.

Wenn ich andere Menschen beobachte, die regelmäßig fasten, stelle ich in ihrem Leben zunehmende Effektivität fest. Ein gutes Beispiel ist eine Frau, mit der ich eng zusammenarbeite. 1997 spürte sie, dass sie als Reaktion auf eine Berufung von Gott 40 Tage lang fasten sollte. Diese 40 Tage teilte sie auf jeweils drei zusammenhängende Fastentage in elf Monaten sowie eine ganze Fastenwoche in einem Jahr auf. Sie ist stark mit der Einführung der Alpha-Kurse in Gefängnissen befasst und betreut nun die Hälfte der Kurse, die landesweit stattfinden.

Stellen Sie sich vor, ein paar von uns entscheiden sich dafür, eine Woche lang jeweils eine Mahlzeit am Tag ausfallen zu lassen und stattdessen zu beten. Das Gebet kann sich um persönliche Anliegen drehen, für die Ortsgemeinde sein oder weiter gefasste Anliegen einbeziehen, wie etwa Gebet für das ganze Land. Dieses Ziel scheint ebenso erreichbar zu sein wie das, 10 % der Mitglieder einer Gemeinde zu regelmäßigem Gebet zu motivieren. Natürlich beten und fasten einige vielleicht schon jetzt mehr, aber falls nicht: Warum sollte man nicht einmal darüber nachdenken? Niemand wird deshalb einen Hungertod sterben! Und wenn der Gedanke zur Realität wird, könnten die Folgen begeisternd sein.

Gemeinsam Fasten

Wir sind vorsichtig, wenn es darum geht, anderen Menschen nahe zu legen zu fasten, auch wenn wir davon überzeugt sind, dass es seinen Platz hat. Als Leitungsteam der Gebetsarbeit unserer Gemeinde haben wir uns entschlossen, während unserer Teamtreffen am Dienstagmittag zu fasten (auf diese Teamtreffen gehe ich im 4. Kapitel näher ein). Wir vermissen unsere Sandwiches, aber wir haben festgestellt, dass wir so besser in der Lage sind, Gottes Willen und Richtungsweisung für uns zu erkennen. Außerdem ist dies für uns eine bescheidene Möglichkeit, Gott zu zeigen, dass uns die Entwicklung des Gebetslebens unserer Gemeinde ein ernsthaftes Anliegen ist. Zudem gibt es uns mehr Zeit, an den Treffen selbst gemeinsam zu beten.

Als Gemeinde ermutigen wir zu gemeinsamem Fasten, beispielsweise während eines Gebetstages für Erweckung oder während eines Gebetswochenendes. Diese Gebetsveranstaltungen sind im 7. Kapitel beschrieben.

Ein Beispiel für eine landesweite Fastenaktion war die drohende Invasion durch Frankreich im Jahr 1756, als George II. zu einem Tag des Betens und Fastens aufrief. John Wesley berichtet in seinem Tagebuch vom Freitag, dem 6. Februar: »Der Fasttag war ein glorreicher Tag, wie ihn London wohl seit der Restauration nicht mehr erlebt hat. Jede Kirche in der Stadt war mehr als voll und auf jedem Gesicht lag feierliche Ernsthaftigkeit. Gott hat unser Gebet sicher gehört und wird uns weiterhin Frieden und Ruhe schenken.« In einer Fußnote merkt er an: »Demut wandelte sich in landesweite Freude, als die drohende Invasion durch Frankreich abgewendet wurde.«

Heute wäre die Organisation eines solchen Ereignisses wahrscheinlich schwieriger. Trotzdem sollten wir sowohl Gebet als auch Fasten als Teil des Prozesses einer landesweiten Erweckung fördern und in unseren Gemeinden dazu ermutigen.

Buße und Ausdauer

Ohne echte Buße und Umkehr werden Gebet und Fasten kaum effektiv sein. Als Jesus seine Jünger zu beten lehrte, schloss er diese Worte mit ein: »Vergib uns unsere Schuld, wie auch wir allen vergeben haben, die an uns schuldig geworden sind« (Mt 6,12). Und nachdem er das Gebet beendet hatte, sagte er ergänzend nur noch: »Wenn ihr den andern vergebt, was sie euch angetan haben, dann wird euer Vater im Himmel euch auch vergeben. Wenn ihr aber den andern nicht vergebt, dann wird euer Vater euch eure Verfehlungen auch nicht vergeben« (Verse 14–15).

Wenn wir erkennen, dass es in unserem Leben noch unbekannte Schuld gibt, müssen wir uns damit auseinander setzen, andernfalls wird sie unsere Gebete blockieren. Es ist unwichtig, wie laut oder lange wir beten – wenn etwas zwischen Gott und uns steht, müssen wir dies zuerst bereinigen. Die Anweisungen in 2. Chronik, Kapitel 7, Vers 14 enthalten auch den Aufruf zur Umkehr. Das Volk musste zuerst »von seinen bösen Wegen umkehren«, bevor Gott versprach, es zu hören, ihm zu vergeben und es zu heilen. Zu effektivem Beten und Fasten gehört immer aufrichtige Buße, der gegebenenfalls entsprechende Taten folgen.

In Gebetsversammlungen kann es sehr wirksam sein, gemeinsam Sünde zu bekennen, gefolgt von einer Zeit der Stille. Sie können sich an folgendem Text orientieren:

»Allmächtiger Gott, himmlischer Vater, wir haben gesündigt gegen dich und gegen andere Menschen in Gedanken, Worten und Werken, durch Nachlässigkeit, durch Schwäche, durch unsere eigene Schuld. Es tut uns aufrichtig Leid und wir bereuen alle unsere Sünden. Um deines Sohnes Jesus Christus willen, der für uns gestorben ist, vergib uns alles, was geschehen ist. Amen.«

Es ist hilfreich, uns in diesem Zusammenhang an die folgende Wahrheit zu erinnern: »Wenn wir aber unsere Verfehlungen eingestehen, können wir damit rechnen, dass Gott treu und gerecht ist: Er wird uns dann unsere Verfehlungen vergeben und uns von aller Schuld reinigen, die wir auf uns geladen haben« (1 Joh 1,9). Dann können wir im Vertrauen auf diese Worte vorwärts gehen.

Auch jede Form von Trennung oder Uneinigkeit innerhalb der Gemeinde sollte sofort angesprochen werden. Das so genannte Hohepriesterliche Gebet Jesu für alle Gläubigen (Joh 17,20–26) zeigt, wie wichtig ihm dies ist.

In Lukas' Bericht darüber, wie Jesus seine Jünger zu beten lehrt, sehen wir, dass Jesus auch Ausdauer im Gebet betont (Lk 11,1-8). Und mit dem Gleichnis von der hartnäckigen Witwe wollte er ihnen deutlich machen, »dass sie immer beten müssen und darin nicht nachlassen dürfen« (Lk 18,1). Damit Gebet effektiv sein kann, muss es nötigenfalls auch ausdauernd sein. In diese Kategorie fällt mit Sicherheit das Gebet für Erweckung.

Kapitel 3

Gebet in der Gruppe

»Sie alle waren einmütig beieinander und beteten beharrlich ...« (Apg 1,14).

Ist gemeinsames Gebet notwendig?

Wenn wir alleine beten, konzentriert sich der Großteil unseres Gebets auf uns selbst. Wenn wir gemeinsam beten, werden auch die Gebetsanliegen allgemeiner. Das ist der Punkt, den ich besonders am gemeinsamen Gebet mit anderen liebe. Ich kann zu einer Gebetsversammlung kommen und mich für eine bestimmte Zeit auf ein gemeinsames Anliegen konzentrieren. Auf diese Weise entsteht Einheit und persönliche Sorgen erscheinen plötzlich wieder in der richtigen Perspektive oder verschwinden ganz.

Wir haben bereits verschiedene Beispiele aus der Apostelgeschichte betrachtet, in der die Mitglieder der Urgemeinde gemeinsam beten. Wir sollten heute als Kirche entsprechend handeln. Für die HTB war die Einführung der Gebetsstunde am Dienstagvormittag ein entscheidender Schritt. Regelmäßige Veranstaltungen dieses Typs haben unsere Gemeinde schließlich zu einer betenden Gemeinde gemacht. Natürlich werden sie ergänzt von anderen Gebetsformen, wie etwa Gebet in den Gottesdiensten und in den Hauskreisen.

Der Inhalt der Gebetsversammlungen

Der Inhalt unserer zentralen Gebetsversammlungen hat sich im Laufe der Zeit verändert. Unser Ziel war es, mit dem Heiligen Geist auch Schritt zu halten. Wir haben gelernt, dass er uns manchmal dazu anhält, für Anliegen der Gemeinde zu beten, und manchmal dazu, uns für weiter entfernte Anliegen einzusetzen. Nun haben wir jede Woche vier je einstündige Gebetstreffen. Jedes ist flexibel, konzentriert sich aber auf einen Schwerpunkt:

1. Mission (dienstags um 7 Uhr),
2. Familie (mittwochs um 7 Uhr),
3. gemeindeinterne Anliegen (donnerstags um 7 Uhr),
4. Erweckung (donnerstags um 19 Uhr).

Jedes Treffen hat zwar einen inhaltlichen Schwerpunkt, wir haben es uns aber zur Gewohnheit gemacht, wichtige aktuelle Anliegen einzubeziehen. Beispielsweise beten wir als Engländer oft für den Frieden in Nordirland.

Es ist uns sehr wichtig, neben den Bitten auch Dank und Lob einzuschließen. Deshalb beginnen wir jede

Gebetsversammlung mit einer Anbetungszeit. Als Jesus die zehn Aussätzigen heilte, kam nur einer zurück, um ihm zu danken (Lk 17,15-16). Aus welchen Gründen auch immer schafften es die anderen nicht, dasselbe zu tun, und Jesus störte sich an dieser Unterlassung. Wir versuchen, diesen Fehler zu vermeiden.

Als geeigneter Einstieg hat sich bei uns erwiesen, wenn der Leiter der Versammlung am Anfang über Gebetserhörungen berichtet. Das kann in eine Dank- und Lobpreiszeit münden. Wenn man die Treffen mit diesem Impuls beginnt, entsteht in den Anwesenden eine richtige Haltung, bevor sie für andere Anliegen beten.

Wann immer es möglich ist, bemühen wir uns, *für* Menschen und Dinge zu beten (nicht dagegen). Gebet über Kindesmissbrauch kann sich beispielsweise darauf konzentrieren, um Schutz und Heilung für die betroffenen Kinder zu beten. Und selbst unter diesen schockierenden Umständen können wir dafür beten, dass die Täter durch die Liebe Gottes verändert werden.

Auf der gegenüberliegenden Seite finden Sie ein Beispiel für einen Programmablauf für eine einstündige Gebetsveranstaltung:

Werbung

Niemand wird zu einer Veranstaltung kommen, wenn er nichts davon weiß. Deshalb veranstalten wir mehrmals

Programm	**Zeit in Minuten**
einleitende Anbetungszeit	10
Einführung durch den Leiter. Diese Einleitung soll die Anwesenden zu effektiverem Gebet inspirieren. Hier ist auch Raum für Feedback in Bezug auf Gebetserhörungen und für Dank an Gott.	5
Gebet für:	
• Gemeindeleiter und Familie	5
Lobpreis	5
• Dienste der Gemeinde	5
• Alpha-Kurse in der eigenen und in anderen Gemeinden	5
Lobpreis	5
• Projekte im Ausland (z. B. Arbeit unter Straßenkindern in Brasilien, die durch jemanden vorgestellt werden kann, der an diesem Projekt beteiligt ist)	5+
Lobpreis	5-
• andere Gemeinden und Gemeindeleiter	5
• Vaterunser und abschließender Lobpreis	5
	60 Minuten

im Jahr einen »Gebetssonntag«, bei dem wir betonen, wie wichtig das gemeinsame Gebet ist. Die Predigten werden normalerweise von einem Leiter gehalten, der direkt an den Gebetsveranstaltungen beteiligt ist, vielleicht auch ergänzt durch ein Interview mit einem regelmäßigen Teilnehmer. Wir nehmen uns Zeit zum Gebet, wobei wir eines der im 6. Kapitel beschriebenen Modelle verwenden. Diese Art der Werbung hat sich bewährt. Die Leute bekommen einen Vorgeschmack davon, was sie bei einer Gebetsveranstaltung erwartet, und dadurch werden sie ermutigt zu kommen.

Weitere Werbemittel sind Handzettel oder Abkündigungen im Gottesdienst und natürlich Mundpropaganda. Außerdem schreibe ich regelmäßig einen Artikel zum Thema Gebet für unser monatlich erscheinendes Gemeindeblatt.

Zeitliche Abstimmung

Es ist wichtig, sich zu überlegen, welche Tageszeit am besten für Ihre Gemeindemitglieder geeignet ist. Wir fingen in unserer Gemeinde mit einer Abendveranstaltung an, ergänzten sie aber bald durch eine Veranstaltung am Morgen, weil das für andere Gemeindeglieder besser passte. Unsere Gebetsversammlungen befolgen zwei wichtige Regeln: pünktlich beginnen und pünktlich enden. Leute, die wegen einer Gebetsversammlung zu spät zur Arbeit oder zu einem Termin kommen, kommen normalerweise kein zweites Mal.

Leitung

Auf die Gefahr hin, das Offensichtliche zu sagen: Ein Leiter muss leiten. Aber er muss sowohl vor als auch während der Gebetsversammlung die Führung des Heiligen Geistes suchen. Im Idealfall sollte jeder Leiter von Gebetsversammlungen von einem Team unterstützt werden, das sich regelmäßig trifft und sich zur gegenseitigen Verbindlichkeit anhält. Darüber mehr in Kapitel 4.

Anbetung und Abwechslung

Anbetung und Abwechslung sind beides wichtige Elemente von Gebetsversammlungen. Anbetung und Gebet können sehr effektiv miteinander kombiniert werden. Wir leisten oft Fürbitte, indem wir eines der zahlreichen Lieder singen, die schon an sich ein Gebet sind (vgl. Kapitel 5). Kapitel 6 beschäftigt sich mit verschiedenen Möglichkeiten, wie man gemeinsames Gebet gestalten kann.

Einheit

Einheit ist sowohl entscheidend für eine Gebetsversammlung als auch eine direkte Folge davon. Wenn wir gemeinsam mit anderen beten, machen wir uns um einer gemeinsamen Sache willen eins. Wir wollen uns am Willen Gottes ausrichten. Wir wollen ihm gehorchen. Diese vertikale und horizontale Einheit ist lebenswichtig für effektives gemeinsames Gebet.

Menschen

Schließlich und endlich braucht jedes Gebetstreffen die Gegenwart Gottes und die Gegenwart von Christen. Beides ist wesentlich. Jesus hat verheißen, da anwesend zu sein, wo sich ein paar von uns in seinem Namen treffen (Mt 18,20). In der Bibel findet sich immer wieder die Aussage, dass Gott nur dann handelt, wenn wir uns auch im Gebet seinem Willen unterstellen. Im Folgenden finden Sie einige der Gründe, warum Menschen zu den Gebetsversammlungen unserer Gemeinde kommen:

1. »Ich hatte nie das Gefühl, etwas Besonderes für Jesus zu tun als Reaktion auf das, was er für mich getan hat. Aber ich weiß, dass ohne das Gebet um den Segen und Schutz seines Volkes und der Dinge, die für das Reich Gottes wichtig sind, unsere Bemühungen schei-

tern würden. Wenn ein winziger Beitrag hilft, dann kann ich zumindest früh aufstehen und zur Gebetsversammlung gehen!« (Verkäufer)

2. »Ich habe erlebt, dass mein persönliches Gebetsleben gestärkt und mein Gebetshorizont erweitert wurde. Der Bericht über Gebetserhörungen ist sehr spannend und bewegend, und ich bin immer wieder begeistert, was man alles durch Gebet erreichen kann.« (Architekt)
3. »Ich genieße die Gemeinschaft, Freundschaft und Einheit, die in diesen Gebetsversammlungen so deutlich spürbar ist. Man spürt, dass wir dies gemeinsam machen, unser Bestes geben, uns oft hoffnungslos unzulänglich fühlen, aber wie Kinder einen liebevollen und treuen Vater anflehen. Es ist herausfordernd und demütigend, aber auch begeisternd und sehr lohnend.« (Geschäftsmann)
4. »Ich habe angefangen, die Gebetsversammlungen zu besuchen, und dort sehr viel gefunden, was mich begeistert. Der Lobpreis ist einfach wundervoll, und es ist sehr spannend, zu sehen und zu hören, was Gott als Folge unserer Gebete tut. Es ist so typisch für Gott, dass er, während wir für die Anliegen beten, die ihm am Herzen liegen, uns nichts schuldig bleibt. Ich fühle mich nach einer Gebetsversammlung immer wirklich gesegnet, ermutigt und voller Energie!« (Verkäuferin)
5. »Ich bete sehr gerne alleine, aber es ist auch eine

großartige Erfahrung, zusammen mit der Gemeindefamilie zu beten.« (Künstler)

6. »Gebet bietet Menschen eine sehr gute Gelegenheit, an allen Bereichen des Gemeindelebens beteiligt zu sein. Ich glaube, je mehr wir beten, desto stärker wächst in uns auch der Wunsch zu beten.« (angehender Rechtsanwalt)
7. »Ich hatte keine Ahnung, dass Gebet so viel Spaß machen kann (vor allem um 7.00 Uhr morgens!). Ich möchte diese Versammlungen nicht romantisch verklären – manchmal sind sie wirklich harte Arbeit, aber gibt es eine bessere Möglichkeit, seine Energie einzusetzen, als für Anliegen zu beten, die Gott am Herzen liegen?« (Student)

Kapitel 4

Gebetsversammlungen leiten

»Ich hörte eine Stimme sagen: ›Rede zu deinem Volk!‹ ›Was soll ich denn sagen?‹ fragte ich« (Jes 40,6a).

Die Kirche sollte Gebet zu einem ihrer Schwerpunkte machen. Dazu brauchen wir jedoch Leiter, die die Gemeinde dazu freisetzen und unter der Führung des Heiligen Geistes anleiten. Wenn man dieses Ziel erreichen will, wird es vermutlich notwendig, einen Leiter zu ernennen, der für den Bereich Gebet zuständig ist und der von der Unterstützung durch ein Leitungsteam profitieren kann. Diese Person muss nicht der Leiter der Gemeinde sein, ist aber der Autorität der Gemeindeleitung unterstellt. Die Mitglieder des Leitungsteams müssen darüber hinaus auch nicht unbedingt bezahlte Mitarbeiter der Gemeinde sein.

Vorbereitung

Ich leite zurzeit eine Gebetsversammlung, die am frühen Morgen stattfindet. Früher blieb ich immer so lange wie möglich im Bett liegen. Ich perfektionierte das so sehr, dass ich schließlich meinen Wecker auf 6.30 Uhr stellen und um 7.00 Uhr die Gebetsversammlung leiten konnte. Doch bald merkte ich, dass das so nicht funktionierte. Es ist offensichtlich, dass man die Gebetsversammlung nur mit halber geistlicher Energie leitet.

1. Sich selbst vorbereiten

Das Lesen im Wort Gottes und das persönliche Gebet bilden das Fundament für die Leitung einer Gebetsversammlung. Ich nehme mir dafür zurzeit eine Stunde vor der Gebetsversammlung, aber das ist erfahrungsgemäß von Mensch zu Mensch verschieden. Unabhängig von der Länge sollten Bibellese und Gebet zum regelmäßigen Bestandteil unseres Lebens gehören und nicht nur als Vorbereitung auf eine Gebetsversammlung dienen. Ein Leiter sollte privat praktizieren, was er öffentlich predigt.

2. Das Programm vorbereiten

Ich komme mindestens 15 Minuten vor dem offiziellen Beginn der Gebetsversammlung in die Gemeinde und nehme letzte Veränderungen am Programm vor. Im Idealfall habe ich mich am Vortag mit meinem Co-Leiter getroffen, um mit ihm Themen zu besprechen und ein vorläufiges Programm zu erstellen.

Leiten

Eine Gebetsversammlung profitiert von einer klar definierten Leitung und von einem Leiter, den partnerschaftliches Vertrauen mit den Menschen verbindet, die zum Gebet kommen. Der Leiter sollte sich darum bemühen, eine Atmosphäre von Einheit, Offenheit und Ermutigung zu fördern. Er sollte nicht zu viel reden, aber sensibel, humorvoll und leidenschaftlich ermahnen. Ziel ist ein natürlicher Fluss von einem Thema zum nächsten und von Anbetung zu Gebet. Die Aufgabe des Leiters ist mit der eines Dirigenten vergleichbar, dessen Fähigkeiten und klare Anweisungen das Potenzial aller Orchestermitglieder fördern und entwickeln können.

Die Leiter sollten sich darum bemühen, das vorbereitete Programm abzuarbeiten, dabei aber gleichzeitig offen für das Reden und die Führung des Heiligen Geistes sein. Einige der besten Gebetsversammlungen, die ich erlebt habe, waren die, in denen der Heilige Geist unsere Pläne über den Haufen geworfen hat. Dann spürt jeder, dass Gott tatsächlich am Wirken ist.

Von Zeit zu Zeit mag es vorkommen, dass der Leiter taktvoll, aber nachdrücklich einen festen Standpunkt vertreten muss. Vielleicht versucht jemand, der Gebetsversammlung eine neue und wenig hilfreiche Richtung zu geben. Dann ist es notwendig, dass der Leiter so diplomatisch wie möglich seine Autorität geltend macht. Leiter sollten sich vergegenwärtigen, dass gesunder Menschenverstand einer ihrer größten Aktivposten ist und ihr erster Eindruck meistens der richtige ist.

Geistliche Dynamik

Gebet ist etwas Geistliches, und deshalb ist es weise, mit Angriffen des Feindes zu rechnen. Wir sind daher völlig vom Schutz und der Hilfe Gottes abhängig. Von Zeit zu Zeit können Schwierigkeiten auftreten, die von trivialen Missverständnissen bis hin zu ernsthaften Problemen rangieren. Wenn jemand zur Ablenkung für andere wird, ist es richtig, ihn darauf anzusprechen und notfalls auch zu bitten, den Gebetsversammlungen fernzubleiben. Für mich war es eine große Hilfe, als ich einmal über eine solche Situation betete, zu spüren, wie Gott sagte: »Du kümmerst dich um die Gebete, ich kümmere mich um die Beter.« Die Person, um die es ging, kam nie wieder. Wir sollten nicht vergessen, uns an Gott zu wenden, wenn wir seine Hilfe brauchen.

Prophetisches Reden

Zunächst einmal: Was meinen wir überhaupt mit »prophetischem Reden«? Es ist natürlich nicht möglich, hier eine vollständige Definition zu geben, aber ich meine damit: Gottes Wesen und Wirken, wie es sich in der Bibel offenbart, angewendet im örtlichen Kontext durch das direkte Handeln des Heiligen Geistes. Prophetie drückt sich oft in Worten, einem Eindruck oder einem Bild aus und sollte mit offenen Armen angenommen werden.

Paulus schreibt uns: »Von den Gaben des Geistes wünscht euch besonders die Fähigkeit, prophetische Weisungen zu verkünden« (1 Kor 14,1). Er schreibt auch: »Unterdrückt nicht das Wirken des Heiligen Geistes. Verachtet nicht die Weisungen, die er euch gibt« (1 Thess 5,19–20).

Wie alle Gaben dient auch die Gabe der Prophetie dem Allgemeinwohl und sollte gefördert und gut verwaltet werden. Aufgabe des Leiters ist es, der Gabe der Prophetie Raum zu geben, aber den Menschen, die diese Gabe haben, auch deutlich zu machen, dass sie Verantwortung dafür tragen, wie sie sie einsetzen.

Wenn man die oben angeführte Definition zugrunde legt, wird es viel leichter, prophetisches Reden an passenden Punkten in einer Gebetsversammlung positiv aufzunehmen. Dazu gehört auch, sich Zeit zu nehmen, um auf Gottes Reden zu hören. Wenn die Person, die ein prophetisches Wort weitergibt, ein lebendiger Christ ist, sollten wir aufmerksam hinhören. Eine solche Inspiration kann uns neue Anstöße geben, dazu beitragen, unsere Gebete zu kanalisieren, und uns die Sicherheit geben, in unserem Beten auf dem richtigen Weg zu sein.

Ich erinnere oft an Paulus' Worte in seinem 1. Brief an die Gemeinde in Korinth: »Wenn du aber prophetische

Weisungen empfängst, kannst du sie an andere weitergeben. Du kannst damit die Gemeinde aufbauen, ermutigen und trösten« (1 Kor 14,3). Das ist ein guter Test, und meiner Erfahrung nach trifft eine Prophetie immer den richtigen Ton bei denjenigen, für die sie gedacht ist. Es geht um prophetische Worte, die die Gemeinde aufbauen. Gebetsversammlungen sollten auf Grund der Einheit und des Vertrauens der Teilnehmer untereinander eine ideale Plattform dafür sein.

Eine der zentralen Aufgaben solcher Offenbarungen ist es, zur Fürbitte anzuregen und sie aufrecht zu erhalten. In Kapitel 2 war die Rede davon, wie die Jünger die Zeit zwischen der Ankündigung Jesu, dass sie den Heiligen Geist bekommen würden, und dem Pfingsttag verbracht haben: Sie beteten.

In unserer Gemeinde hatte vor einiger Zeit jemand ein Bild von fünf Weckern. Wir nahmen dies als die Ermutigung Gottes, uns darum zu bemühen, an jedem Werktag früh eine Gebetsversammlung abzuhalten. Wir sind nun auf dem besten Weg, dieses Ziel zu erreichen. (Wir entschlossen uns, die weniger hilfreiche Interpretation zu verwerfen, die besagte, dass sich dieses Bild auf die Anzahl der Wecker beziehe, die wir brauchten, um rechtzeitig zum Gebet aufzuwachen.)

Natürlich muss man dem Missbrauch der Gabe der Prophetie einen Riegel vorschieben. Unserer Erfahrung nach brauchen Leute, die regelmäßig zu Gebetsversammlungen kommen, nur wenig Korrektur, vor allem wenn sie ihre Hingabe dadurch bewiesen haben, dass sie um sieben Uhr morgens kommen. Der Leiter lernt die regelmäßigen Beter sehr schnell kennen. Die Notwendigkeit des Prüfens von Prophetien steht in engem Zusammenhang mit dem Charakter der Person, die sie ausspricht. Wir suchen nach Betern, die den Wunsch hinter sich gelassen haben, etwas sein zu wollen, was sie nicht sind, und die nicht dogmatisch oder bedrückend sind. Wenn eine Prophetie echt ist, verliert sie nichts, wenn sie geprüft wird.

In größeren Gebetsversammlungen kann es hilfreich sein, den Betern Papier und Stifte zu geben, damit sie ihre Eindrücke aufschreiben und an einen der Leiter weitergeben können. Der Leiter ist dann dafür verantwortlich zu entscheiden, ob und wann er diese Eindrücke öffentlich weitergibt. Egal, ob wir die Eindrücke in der Gebetsversammlung weitergeben oder nicht, wir heben die Zettel immer auf.

In Teams leiten

Ein Leiter und ein Anbetungsleiter bilden den Kern eines Leitungsteams. Wenn sich gemeinsames Gebet zu einem festen Bestandteil des Gemeindelebens entwickelt, wird automatisch ein Co-Leiter hinzukommen. Diese Entwicklung sollte gefördert werden. Arbeit im Team bedeutet, dass man auch größere Dinge in Angriff nehmen kann. Im Folgenden finden Sie einige Vorschläge für Leitungsteams:

1. Bemühen Sie sich, sich regelmäßig als Team zu treffen.
2. Nutzen Sie das gemeinsame Treffen, um füreinander zu beten, zum Brainstorming, um Berichte über die einzelnen Gebetsversammlungen auszutauschen und um für die Zukunft zu planen.
3. Es kann wertvoll sein, gemeinsam zu fasten.
4. Im Team tragen sich Lasten leichter. Es ist beispielsweise besser, lange Gebetsversammlungen in kürzere zeitliche Abschnitte einzuteilen und für jeden Abschnitt einen anderen Leiter zu ernennen. (Ich habe zweimal je vierstündige Gebetsversammlungen geleitet, möchte diese Erfahrung aber nicht noch einmal machen!)

Verschiedene Stimmen und Leitungsstile bringen Abwechslung in eine Gebetsversammlung. Deshalb werden unsere wöchentlichen Gebetsversammlungen, wann immer möglich, von mehreren Leitern geleitet. Von allem anderen abgesehen, macht es auch viel mehr Spaß, im Team zu arbeiten. Eine unserer Mitarbeiterinnen hält seit langem den ersten Platz für die beste Entschuldigung für das Zuspätkommen: Sie erklärte, dass das Meerschweinchen ihrer Tochter im Auto auf dem Weg zum Treffen entkommen war.

Kapitel 5

Anbetung

»Geht durch die Tempeltore mit einem Danklied, betretet den Festplatz mit Lobgesang! Preist ihn, dankt ihm für seine Taten!« (Ps 100,4).

Auch wenn die Bedeutung von Anbetung weiter reicht, als in diesem Kapitel beschrieben, soll es im Folgenden speziell um Musik und Singen während der Gebetsversammlungen gehen. Am Anfang fehlte dieser Bestandteil in unseren Gebetsversammlungen völlig. Doch bald merkten wir, dass dies ein Fehler war, und nahmen das Singen in unser Programm auf. Dann wurde schnell deutlich, dass wir einen Anbetungsleiter brauchten. Zum Glück haben wir einen gefunden, dem später mehrere andere folgten.

Wir haben gemerkt, dass sich Anbetung und Gebet ergänzen und gegenseitig fördern. Gerade die Gebetsversammlungen sind ideal dafür, im Bereich der Anbetung zu experimentieren. Durch die neuen Stile und die Begabungen, die in unseren Gebetsversammlungen entdeckt wurden, wurde schließlich das ganze Gemeindeleben bereichert.

Warum Anbetung?

In der Anbetung erheben wir unsere Herzen zu Gott, der das Universum geschaffen hat, ein Universum, das aus Millionen Galaxien besteht, die wiederum aus Milliarden Sternen und Planeten bestehen.

Wir leben auf einem dieser Planeten und richten unseren Blick auf die Dreieinigkeit – auf Gott, den Vater und Schöpfer, und auf den Sohn, in dem »die ganze Herrlichkeit Gottes aufleuchtet; in ihm hat Gott sein innerstes Wesen sichtbar gemacht. Durch sein machtvolles Wort sichert er den Bestand des Weltalls« (Hebr 1,39). Und wir richten unseren Blick auf den Heiligen Geist, der bei der Schöpfung da war, als aus Chaos Ordnung entstand, und der auch heute bei uns ist.

Eines der vordringlichsten Ziele gemeinsamen Gebets sollte es sein, Gott zu gefallen. Oft kommen Leute müde, zerstreut oder sogar entmutigt zu den Gebetsversammlungen. Dann brauchen sie Hilfe, um ihre Sorgen und Ängste zu vergessen und sich auf Gott konzentrieren zu können. Wir müssen dem Heiligen Geist erlauben, uns herauszuheben und mit Christus eins zu machen. Dann können wir das Herz des Vaters berühren. Gerade das vollzieht sich in der Anbetung und deshalb ist unserer Erfahrung nach Anbetung ein wesentlicher Bestandteil jeder Gebetsversammlung.

So organisiert man Anbetungszeiten

Ein Anbetungsleiter sollte ein tragendes Instrument spielen (etwa Gitarre oder Klavier), zumindest ein paar Akkorde, *und er sollte Gott lieben.* Selbst Menschen mit wenig oder keiner Vorerfahrung können mit dieser Kombination in diesem Bereich Gaben entwickeln.

Ein Beispiel dafür ist Jamie Haith, der heute als Anbetungsleiter in unserer Gemeinde angestellt ist. Im Folgenden finden Sie seinen Bericht über das, was 1992 passierte – kurz nachdem er angefangen hatte, die Gebetsversammlung am Dienstagabend zu besuchen.

> *»Ich stellte fest, dass die Anbetungszeit ohne Instrumente geleitet wurde, da unter den Teilnehmern keine Musiker waren.*
> *Ein paar Wochen später erwähnte ich Jeremy gegenüber, dass ich ein paar Akkorde spielen konnte (dabei fühlte ich mich wie der kleine Junge mit den Fischen und Broten), und noch bevor ich es zurücknehmen konnte, sagte Jeremy, ich solle nächste Woche meine Gitarre mitbringen.*
> *Zu Beginn konzentrierte ich mich auf die wenigen Anbetungslieder, die ich spielen konnte, und stieß damit zum Glück auf positive Resonanz.*
> *Mit der Zeit erweiterte sich mein Repertoire (zur Erleichterung aller Beteiligten!), und ich wurde sicherer darin, die Anbetungszeit zu leiten. Es gehört zu*

den Höhepunkten meines Lebens, dass ich das jetzt hauptberuflich tun darf.«

Wenn Sie keinen Anbetungsleiter haben, gibt es Alternativen. Sie können beispielsweise gemeinsam einen Psalm beten oder Gott mit Gebeten danken und ihn preisen. Sie können auch zu einer Kassette singen und darum beten, dass Gott Sie mit einem entsprechend begabten Menschen versorgt. Denn welche Gebetserhörungen sind schöner als die, die man sichtbar vor Augen hat?

Die Beziehung zwischen dem Leiter der Gebetsversammlung und dem Anbetungsleiter ist sehr wichtig. Sie müssen einander verstehen und vertrauen. Das gelingt leichter, wenn sie eng zusammenarbeiten und sich regelmäßig treffen, um miteinander zu beten. Eine gute Arbeitsbeziehung trägt dazu bei, die Qualität der Gebetsversammlungen zu verbessern.

Wichtig ist auch ein kontinuierlicher Fluss der Anbetungszeit. Alphabetisch geordnete Liederbücher oder ein Overheadprojektor ersparen störende Ansagen von Liednummern. Um das Ende einer Gebetszeit anzukündigen, kann der Anbetungsleiter ein paar Akkorde spielen und den Beginn einer Anbetungszeit mit ein paar geeigneten Worten einleiten.

Unsere Treffen beginnen immer mit einer ausgedehnten Anbetungszeit. Danach wechseln sich Lieder und Gebetszeiten ab (vgl. auch Kapitel 6).

Auch Singen an sich kann Gebet sein. Viele Lieder

sind sehr kraftvolle und wunderschöne Gebete. Im Folgenden finden Sie dafür zwei Beispiele: »This Time Revival« von Andy Piercy und Charlie Groves (1995, IQ Music) sowie »Send Revival, Start With Me« von Matt Redman (1996, Kingsway's Thankyou Music).

This Time Revival

Here we stand in total surrender,
lifting our voices,
abandoned to your cause.
Here we stand, praying in the glory,
of the one and only
Jesus Christ, the Lord.

This time revival,
Lord, come and heal our land.
Bring to completion
the work that you've begun.
This time revival,
stir up your church again.
Pour out your Spirit
on your daughters and your sons.

Here we stand, in need of your mercy.
Father, forgive us
for the time that we have lost.

Once again, make us an army
to conquer this nation
with the message of the cross.

Send revival, start with me

We're looking to your promise of old
that if we pray and humble ourselves,
you will come and heal our land.
You will come, you will come.

We're looking to the promise you made
that if we turn and look to your face,
you will come and heal our land.
You will come, you will come to us.

Lord, send revival, start with me,
for I am one of unclean lips,
and my eyes have seen the King.
Your glory I have glimpsed.
Send revival, start with me.

Freies Singen

Es ist hilfreich, wenn der Lobpreisleiter sicher darin ist, auch improvisiertes Singen zu leiten. Solche Zeiten können sehr schön und intensiv sein. Wir können in unserer eigenen oder der Sprache singen, die uns Gott schenkt. Oft ist es eine Mischung aus beidem.

Wir erlebten einmal während einer Alpha-Konferenz eine solch erfrischende Zeit. Wir beteten dafür, dass jeder Teilnehmer den Segen empfangen würde, den Gott ihm während dieser Konferenz zugedacht hatte. Nach einer Weile veränderte sich unser Gesang völlig, als der Heilige Geist ihm neues Leben einhauchte. Dieser Prozess hielt eine ganze Zeit lang an. Ein Ehepaar sagte später, dass dies für sie der Höhepunkt der ganzen Konferenz gewesen sei.

Ich erinnere mich an eine andere Begebenheit, bei der es um Gebet für Kinder ging. Als die Gebete verebbten, fing der Lobpreisleiter an, einen ganz einfachen Satz zu singen, der das Thema aufnahm. Als der Rest von uns einfiel, erlebten wir eine sehr bewegende Gebetszeit. Solches Gebet kann oft prophetisch sein und uns wieder neu daran erinnern, dass es viele verschiedene Arten von gemeinschaftlichem Beten und Lobpreis gibt.

Inspiriertes Spielen

Der Anbetungsleiter Graham Kendrick sagte einmal: »Das gesalbte Spielen eines Musikinstrumentes setzt den Heiligen Geist frei.« Im 3. Kapitel von 2. Könige lesen wir beispielsweise, dass Elisa einen Harfenspieler darum bat zu spielen, als er von den Königen von Israel, Juda und Edom gerufen worden war, um »den Herrn zu befragen«, wie sie hinsichtlich einer Militäroffensive gegen Moab handeln sollten. Als der Harfenspieler spielte, »kam die Hand des Herrn über Elisa« (Vers 15), und er konnte voraussagen, auf welche Weise die Könige einen gewaltigen Sieg erringen konnten.

Wir haben festgestellt, dass es sehr effektiv sein kann, wenn unser Anbetungsleiter frei auf dem Klavier (oder einem anderen Instrument) spielt. In solchen Zeiten kann man die Gegenwart Gottes deutlich spüren. Oft inspirieren sie prophetisches Reden.

Bei zwei größeren Veranstaltungen, die vor kurzem stattfanden, war auch ein Team von Schlagzeugern dabei. Sie führten die Anbetungszeit auf eine neue Ebene. Zeitweise begleiteten sie die anderen Instrumente und unser Singen, gelegentlich verstärkten sie Zeiten gemeinsamen lauten Betens, zeitweise spielten sie alleine. Ein Schlagzeug hat etwas sehr Dynamisches und Mitreißendes, das die Gebetsversammlungen sehr bereichern kann.

Schlussbemerkung

Ich kann nicht oft genug betonen, wie wichtig Anbetung in Gebetsversammlungen ist. Gott kann in seiner Gnade denen, die ihn anbeten, ein starkes Gefühl seiner Gegenwart und einen Vorgeschmack des Himmels schenken.

Kapitel 6

Verschiedene Modelle für das gemeinsame Gebet

»Zerreißt eure Herzen und nicht eure Kleider!« (Joel 2,13).

Gebetsversammlungen können langweilig sein. Mein »Amen« zum Gebet eines anderen kann an Vitalität verlieren, wenn meine Gedanken währenddessen abgeschweift sind. Vielen von uns fällt das Gebet nicht einfach so zu, deshalb brauchen wir Hilfe, um effektiv beten zu können. Dazu ist Fantasie notwendig. Abwechslungsreiche Formen gemeinsamen Gebets können bei denen, die jede Woche kommen, die Begeisterung aufrecht erhalten.

Bevor ich einzelne Modelle vorstelle, möchte ich zunächst betonen, dass Gott in erster Linie an dem interessiert ist, was in unserem Herzen ist, und nicht an bestimmten Techniken, die wir verwenden. Am geläufigsten ist sicher die Form, bei der in Gebetsversammlungen einer nach dem anderen betet, was sehr effektiv ist. Als die Zahl der Teilnehmer bei unseren Gebetsversammlungen aber rasch anstieg, wurde uns sehr schnell klar, dass durch diese Form die Zahl derer, die tatsächlich beten können, stark eingeschränkt wird. Dazu kam der Wunsch nach Abwechslung. Und so entwickelten wir verschiedene Modelle für gemeinschaftliches Gebet, von denen ich im Folgenden einige vorstellen möchte.

Kleingruppen

Der Leiter der Gebetsversammlung kann etwa folgendermaßen in das Thema einführen: »Wir werden jetzt für die Sonntagsgottesdienste beten. Können Sie sich dafür bitte in Gruppen von je drei oder vier Personen einteilen und in diesen Gruppen für das Anliegen beten?« Wir müssen lediglich eine große Gruppe in viele kleinere Gruppen teilen und haben auf einen Schlag die potenzielle Zahl der Gebete vervielfacht. In jeder dieser kleinen Gruppen beten die Teilnehmer reihum. Nach einer angemessenen Zeit führt der Leiter die Gebetsversammlung in die nächste Phase, oder der Anbetungsleiter spielt das nächste Lied an, in das die Teilnehmer einfallen können, wenn die Gebete in ihrer Gruppe zu einem Ende kommen.

Wenn jemand noch nie laut in der Öffentlichkeit gebetet hat, ist das das geeignete Umfeld, damit zu beginnen. Wir verwenden diese Form oft zu Beginn einer Gebetsversammlung, weil sie den Teilnehmern hilft, »warm zu werden«.

Das Apostelgeschichte-4-Modell

Bei diesem Modell beten alle Anwesenden gleichzeitig laut, was einen Kulturschock auslösen kann, wenn man es zum ersten Mal erlebt! In der Apostelgeschichte, Kapitel 4, Verse 29 bis 30 finden wir eine Beschreibung dieses Modells. In Ländern wie Südkorea wird es oft in großen Gebetsversammlungen genutzt, aber es funktioniert auch in kleineren Runden.

Nachdem der Leiter das Anliegen eingeführt hat, für das gebetet werden soll, fängt er an zu beten, und die Anwesenden fallen in sein Gebet ein. Manche Menschen fühlen sich unwohl, wenn sie laut vor anderen beten sollen, deshalb sagen wir immer, dass jeder auch die Freiheit hat, still für sich zu beten. Nachdem wir uns an diese Methode gewöhnt hatten, erwies sie sich in unserer Gemeinde als sehr beliebt. Und so verwenden wir sie sehr häufig. Solche Gebetszeiten gehen erfahrungsgemäß ganz natürlich in Singen über.

Dr. Paul Yonggi Cho, der Pastor der *Yoido Full Gospel Church* in Seoul/Korea leitete eine solche Gebetszeit in der Wembley-Arena ein, indem er sagte, dass sie in seinem Land oft damit anfingen, gemeinsam »Herr, Herr, Herr« zu sagen. Und genau das machten dann auch 12 000 Menschen. Daraus entstand ein sehr dynamisches Gebet für London.

Das Modell aus dem 4. Kapitel der Apostelgeschichte gibt jeder Gruppe die Möglichkeit, ihr Gebetspotenzial zu optimieren, weil wirklich jeder einbezogen ist. Man kann es bis zu fünf Minuten lang ausdehnen (auch wenn es normalerweise nicht so lange anhält). Bei größeren Veranstaltungen kann der Leiter das Mikrofon nutzen, um dem Gebet zwischendurch neue Impulse zu geben. Diese Form des Gebets eignet sich auch für Anliegen, bei denen die Anwesenden stark emotional beteiligt sind – etwa die Ausbreitung des Reiches Gottes in Gefängnissen, eine Gemeindepflanzung oder nationale oder internationale Krisen.

Wenn Sie diese Form des Gebets einmal erlebt haben, werden Sie erkennen, welche Kraft im Gebet liegen kann.

Eine Möglichkeit, für *zwei Anliegen gleichzeitig* zu beten, besteht darin, die Männer für das eine und die Frauen für das andere Anliegen beten zu lassen. Dabei beten beide Gruppen gleichzeitig laut.

Der Heilige Geist scheint die Kirche mehr und mehr zu dieser Form des Gebets hinzuführen und es zu segnen. In Kontinenten wie Asien und Südamerika, in denen immer mehr Menschen zum Glauben an Christus kommen, werden häufig Gebetsversammlungen nach diesem Modell abgehalten.

Es ist immer eine Herausforderung für das Volk Gottes, mit dem Heiligen Geist Schritt zu halten, und für die westliche Kirche besteht nach meiner Ansicht eine der größten Herausforderungen zurzeit darin, sich auf diese Form des Gebets einzulassen, die für uns einfach sehr ungewohnt ist. Erfahrungsgemäß ist es leicht, sich zu freuen, wenn Gott uns deutlich macht, dass er etwas Neues beginnen will, solange wir nicht selbst mit Veränderungen konfrontiert werden.

Diese Form des Gebets muss nicht notwendigerweise außer Rand und Band geraten. Aber sie ist mitreißend. Nach dem Besuch einer solchen Gebetsversammlung sagte der Leiter einer Londoner Gemeinde: »Wir haben für Erweckung gebetet. Wenn wir in meiner Gemeinde so eine Gebetsversammlung hätten, würden wir denken, dass die Erweckung bereits gekommen sei!«

Andere Varianten

Eine andere Version des Modells aus Apostelgeschichte 4 besteht darin, die Anwesenden in zwei Gruppen aufzuteilen. Normalerweise teilt man den Raum in zwei Hälften, aber es gibt andere natürliche Teilungsmodelle. Man kann etwa in Männer und Frauen teilen, sofern beide Gruppen etwa gleich stark vertreten sind. Auch hier ist es Aufgabe des Leiters der Gebetsversammlung zu erklären, für welche Anliegen die eine Hälfte laut betet, während der Anbetungsleiter die andere Hälfte in der Anbetung leitet.

Nach einer bestimmten Zeit werden die Rollen getauscht. Für den richtigen Ablauf ist es hilfreich, geeignete Personen für die Leitung der beiden Gruppen auszuwählen. Wir lassen die beiden Gruppen oft für unterschiedliche Anliegen beten, um mehr abdecken zu können. Das Mitreißende an dieser Form ist die Abwechslung zwischen Gebet und Anbetung.

Es ist die einfachste Form, die ich kenne, durch die man das Konzept des gemeinsamen und gleichzeitigen lauten Betens vermitteln kann. Die Gruppe der Beter muss sich nicht gehemmt fühlen, weil die andere Hälfte der Gruppe in der Anbetung genug Lärm macht. Wir lassen gewöhnlich jede Gruppe relativ kurz beten und anbeten, bis wir beide Gruppen in einer abschließenden Anbetungszeit wieder zusammenführen.

Vor einiger Zeit bekam ich einen Brief von jemandem, der in seiner Gemeinde Gebetsversammlungen einführte. Er schrieb unter anderem:

> *»Wir hatten bisher vier Gebetsversammlungen – sie sind ökumenisch und finden einmal pro Monat statt – und beten für die Einheit in der Kirche und die Vorbereitung unserer Gegend auf Evangelisation. Da unsere Gemeinden alle sehr traditionell sind, waren wir bisher in allem sehr behutsam. Aber im letzten Monat probierten wir das Modell aus, bei dem die eine Hälfte der Anwesenden singt, während die andere Hälfte laut betet. Einige hatten so etwas noch nie zuvor erlebt, aber es funktionierte gut. Die Leute hatten das Gefühl, Gott wirklich nahe zu sein.*
> *In der ersten Gebetsversammlung waren 15 Leute*

anwesend und andere kamen und gingen in den letzten Monaten wegen der Urlaubszeit. So liegt der Durchschnitt jetzt bei etwa 20. Es ist ein Anfang, und zunehmend wächst das Gefühl, dass ein ganzer Monat zu lange bis zur nächsten Gebetsversammlung ist.«

Mittlerweile haben wir noch eine weitere Version des Modells aus Apostelgeschichte 4 entwickelt, die bei uns als »Gebetssandwich« bekannt ist. Hierbei sind kurze Gebetszeiten von Anbetungszeiten durchsetzt. Man kann beispielsweise laut und gemeinsam für drei verschiedene Gebetsanliegen beten, wobei diese Gebetszeiten durch ein Anbetungslied oder einen einzigen Liedvers miteinander verbunden sind. Diese Form eignet sich besonders gut dann, wenn man nicht mehr viel Zeit, aber noch mehrere wichtige Gebetsanliegen hat.

Alternativ kann auch das Gebet für ein einziges Anliegen von mehreren kurzen Anbetungszeiten unterbrochen werden. Auf diese Weise schafft man weitere Abwechslung. Bei dieser Form sollten Leiter und Anbetungsleiter sehr gut zusammenarbeiten können, damit das Konzept funktioniert. Man kann diese Form auch verwenden, wenn nicht genügend Leute da sind, um die Gruppe, wie oben beschrieben, in zwei Gruppen aufteilen zu können.

Das im 4. Kapitel der Apostelgeschichte erwähnte Modell funktioniert auch in gesungener Form. Sie wird im Kapitel über Anbetung unter der Überschrift »Freies Singen« beschrieben. Diese Form ist ein ziemlich ehrgeiziges Unterfangen, aber wir müssen auch Fehler machen können. Ohne diese Freiheit ist es unmöglich, Fortschritte zu machen. Wenn Gott irgendein Gebetsmodell zu segnen scheint (vor allem dann, wenn es sich um ein biblisches Modell handelt), sollten wir es verstärkt einsetzen. Wenn nicht, sollten wir andere ausprobieren. Innerhalb dieses Rahmens können unsere Gebetsversammlungen langfristig lebendig und mitreißend sein.

Weitere Formen

1. Proklamation von Aussagen der Bibel

Gemeinsam Bibelworte zu proklamieren gehört zu den durchschlagendsten Dingen, die wir in einer Gebetsversammlung tun können. Das tun wir beispielsweise jedes Mal, wenn wir zusammen das Vaterunser beten. Der Leiter der Gebetsversammlung kann den Anwesenden einen relevanten Bibelabschnitt vorgeben, den dann alle laut lesen, um auf diese Weise die Autorität des Wortes Gottes über ein bestimmtes Anliegen auszurufen. Die Bibel zu lesen kann auch eine Form der Anbetung sein. Diesbezüglich sind viele Psalmen ideal, aber auch der Abschnitt aus dem Philipper-Brief, Kapitel 2, Verse 6 bis 11 hat viel Durchschlagskraft:

> *»Jesus war in allem Gott gleich, und doch hielt er nicht gierig daran fest, so wie Gott zu sein. Er gab alle*

seine Vorrechte auf und wurde einem Sklaven gleich. Er wurde ein Mensch in dieser Welt und teilte das Leben der Menschen. Im Gehorsam gegen Gott erniedrigte er sich so tief, dass er sogar den Tod auf sich nahm, ja, den Verbrechertod am Kreuz. Darum hat Gott ihn auch erhöht und ihm den Rang und Namen verliehen, der ihn hoch über alle stellt. Vor Jesus müssen alle auf die Knie fallen – alle, die im Himmel sind, auf der Erde und unter der Erde; alle müssen feierlich bekennen: ›Jesus Christus ist der Herr!‹ Und so wird Gott, der Vater, geehrt.«

Wer regelmäßig Gebetsversammlungen leitet, kann zu diesem Zweck eine Sammlung entsprechender Bibelverse zusammenstellen. Dazu lesen dann alle Anwesenden gemeinsam den Text aus der Bibel (dieselbe Übersetzung!) oder von einer vorbereiteten Overheadfolie. Dies kann zu jedem beliebigen Zeitpunkt im Verlauf einer Gebetsversammlung geschehen und wirkt erfahrungsgemäß verstärkend.

2. Gebet für Einzelne

Interviews sind sehr hilfreich, um das Gebet in einer Gebetsversammlung auf ein bestimmtes Anliegen zu konzentrieren. Interviews sind zum einen interessant, zum anderen informieren sie die Gemeindemitglieder aber auch über die verschiedensten Aktivitäten. Man kann Personen interviewen, die sowieso regelmäßig an den Gebetsversammlungen teilnehmen, aber auch Personen, die speziell zu diesem Zweck eingeladen werden.

Nach dem Interview können sich die Anwesenden um diese Person (oder diese Personen) herumstellen und für sie und ihre Arbeit beten. Wir beten gewöhnlich erst eine Zeit lang reihum für sie, gefolgt von einer Zeit, in der alle gemeinsam und laut beten. Wir interviewen beispielsweise manchmal die Leiter eines der Hauskreise der Gemeinde. Auf diese Weise erfahren wir, wie es dem Hauskreis geht, was er inhaltlich macht und welche Gebetsanliegen es gibt.

In dieser Form des gemeinsamen Gebets kann man auch für Mitglieder anderer Gemeinden beten, die als Missionare oder in anderen christlichen Positionen arbeiten, sei es im In- oder im Ausland. Ein solches Gebet kann eine Gebetsversammlung elektrisieren, Einheit schaffen und hoffentlich auch die Arbeit der betreffenden Personen fördern.

3. Das Kaskaden-Prinzip

Das Gebet für ein ganzes Land oder eine Organisation kann sehr effektiv werden, wenn man für die Leiter betet. Paulus ermutigt zu solchem Gebet in seinem 1. Brief an Timotheus, Kapitel 2, Verse 1 bis 2. Man kann also zum Beispiel für eine Gemeinde beten, indem man für deren Pastor betet, in der Überzeugung, dass es zum Vorteil der ganzen Gemeinde ist, wenn ihr Leiter gesegnet wird – das ist das Kaskaden-Prinzip.

Auf der Ebene einer Nation würde das bedeuten, für den Präsidenten eines Landes zu beten, für seine Familie und seine Führungsrolle. In Deutschland wäre das der Bundeskanzler als Vertreter der Bundesregierung.

4. Stilles Gebet

Die bisher vorgestellten Modelle können sehr lärmintensiv sein. Als Kontrast kann stilles Gebet in einer Gebetsversammlung sehr effektiv sein. Der Leiter gibt lediglich das Gebetsanliegen vor und die Anwesenden lassen sich dann vom Heiligen Geist in ihrem stillen Gebet leiten.

Diese Gebetsmethode erwies sich bei einer Gelegenheit als besonders hilfreich. Etwa 120 Personen aus unserer Gemeinde saßen in London auf einem Themseschiff und wollten für die Regierung beten, als wir den Westminster-Palast erreichten. Da wir von einem netten Polizisten vorgewarnt worden waren, dass unsere Regierung nicht gerne von der Themse gestört werden wollte, knieten wir uns nieder und nutzten dieses Modell des stillen Gebets.

Der Leiter muss entscheiden, wie lange die Stille anhalten soll, und ich halte es nicht für ungeistlich, unsere Uhren dabei im Blick zu behalten. Eine Zeit von 60 Sekunden kann sehr effektiv sein, aber das ist überraschend schwer zu beurteilen. Längere Schweigezeiten können auch Zeit und Raum geben, um nachzudenken und auf Gott zu hören.

Zusammenfassung

- Reihum beten,
- Kleingruppen – reihum beten,
- das Apostelgeschichte-4-Modell:
  a) gemeinsam laut beten,
  b) Kombination von Anbetung und Gebet,
  c) freies Singen,
- Proklamation geistlicher Wahrheiten – gemeinsam einen Bibelabschnitt sprechen,
- Gebet für Einzelne – nach einem Interview,
- Kaskaden-Prinzip – Gebet für Leiter,
- stilles Gebet.

Kapitel 7

Verschiedene Arten von Gebetsversammlungen

»Ihr dürft euch keine Ruhe gönnen, und ihr dürft Gott keine Ruhe lassen, bis er Jerusalem wiederhergestellt und so herrlich gemacht hat, dass alle Welt es rühmt« (Jes 62,6b–7).

Die Entwicklung des gemeinschaftlichen Gebets ist ein Prozess. Wir haben in unserer Gemeinde die Erfahrung gemacht, dass der Heilige Geist uns Schritt für Schritt vorwärts »stupste« und uns oft dazu brachte, in eine neue Phase einzutreten, wenn wir gerade begannen, uns mit dem Vorhandenen wohl zu fühlen. Ich möchte mit diesem Kapitel dazu ermutigen, verschiedene Arten von Gebetsversammlungen zusätzlich zu den regelmäßigen Gemeindeveranstaltungen einzuführen.

In unserer Gemeinde stehen die einmal wöchentlich stattfindenden einstündigen Gebetsversammlungen im Zentrum unseres Gebetslebens. Die besonderen Veranstaltungen, die ich hier beschreibe, entwickelten sich aus diesen regelmäßigen Gebetsversammlungen und können nur funktionieren, wenn sie wiederum von ihnen ergänzt werden. Nicht alle Beispiele mögen in jeder Umgebung funktionieren, aber sie sollen deutlich machen, dass viel Raum für Kreativität da ist, wenn Menschen gemeinsam beten.

Gebetswochenenden

Als jemand den Vorschlag machte, ein ganzes Wochenende lang zu beten, sank mein Herz und gleichzeitig bekam ich neuen Mut. Wie sollte das aussehen? Aber wir spürten, dass es auch Gottes Wille war, und so wurden die »Gebetswochenenden« in unserer Gemeinde geboren. Das erste fand 1994 statt und wir stellten es unter das Thema: »Lasst uns die Nachrichten verändern.«

Die Nachrichten veränderten sich tatsächlich, aber auf völlig unvorhergesehene Weise. Ein paar Monate später hörte man in den Nachrichten, dass Leute Schlange standen, um in die Kirche und zu ein paar sehr lebendigen Gottesdiensten zu kommen. Gott bewegte etwas und das war plötzlich die Nachricht des Tages!

Seit damals versuchen wir ein Gebetswochenende pro Jahr zu organisieren. Beim letzten Wochenende hatten wir 175 Teilnehmer. Hier finden Sie ein Beispiel für den Programmablauf eines solchen Wochenendes:

Gebetswochenende

Freitag

19.30–21.00	Abendessen
21.00	kurze Einführung

Samstag

7.00–8.00	Persönliches Gebet
8.30	Frühstück
9.30–11.00	Einheit I:
9.30–10.15	Anbetung/einführende Worte
10.15–11.00	Gebet und Anbetung
11.00–11.30	Kaffeepause
11.30–13.00	Einheit II (Die Zeit wird in drei halbstündige Abschnitte geteilt, in denen gemeinsam gebetet wird. Jeder Abschnitt wird von einem anderen Leiter geleitet.)
13.00	Mittagessen
14.00–16.30	Freizeit
16.30	Imbiss
17.00–18.00	Persönliches Gebet
18.00–22.00	Einheit III:
18.00–18.30	Anbetung/einführende Worte
18.30–19.00	Gebet für Gemeindeleiter

19.00–19.30	Gebet für mehr Gebet auf allen Ebenen (persönlich, in Kleingruppen, in der Gemeinde etc.)
19.30–20.00	Gebet für das Leben »zu Hause«, z. B. für Kleingruppen, Gottesdienste, Anbetung etc.
20.00–20.30	Anbetungszeit/Raum für prophetisches Reden
20.30–21.00	Gebet für die Stadt
21.00–21.30	Gebet für Alpha-Kurse und Evangelisation
21.30–22.00	Gebet für Erweckung
	Auch hier sollte jeder Abschnitt von einem anderen Leiter geleittet und von Anbetungszeiten unterbrochen werden. Wir lassen das Abendessen ausfallen, stellen aber etwas zu essen für diejenigen bereit, die nicht fasten wollen oder können.
22.00	Heiße Schokolade und Kekse
Über Nacht	
23.00–9.00	Gebetswachen (fünf zweistündige Abschnitte, die jeweils

	von einem anderen Leiter geleitet werden und bei denen die Teilnehmer nach einem Plan durchwechseln.)
Sonntag	
9.00	Frühstück
10.30–12.00	Einheit IV (Mit Berichten aus den Gebetswachen, Anbetung und gemeinsamem Gebet, informeller Gemeinschaft und Gebet füreinander.)
13.00	Mittagessen und Abreise
17.00/19.30	Einheit V (Besuch des Abendgottesdienstes in der Gemeinde. Dadurch entsteht ein zusätzliches Gefühl der Einheit. Feierlicher Abschluss des Wochenendes.)

Alle Aktivitäten sind freiwillig.

Alle diese Programmpunkte können auch eine 24-stündige Gebetszeit gestalten. Bei unserem letzten Gebetswochenende beteten wir in der Zeit von 11 Uhr am Samstagvormittag bis 11 Uhr am Sonntagvormittag. In den Zeiten, in denen kein organisiertes Programm stattfand, beteten Gruppen von freiwilligen Betern gemeinsam. Am Ende der 24 Stunden hatten wir alle das Gefühl, etwas Neues und Wichtiges geleistet zu haben.

Gebetswochenenden sind eine Kombination aus viel Spaß und harter Arbeit. In einem Bericht über unsere erste Gebetswache war zu lesen, dass es sich eindreiviertel Stunden lang anfühlte, »als ob man durch Sirup watete«, man dann aber für die letzten 15 Minuten das wundervolle Gefühl der Gegenwart Gottes hatte. In der nächsten Gebetswache war ich selbst dabei und hatte eine erstaunlich intensive Zeit und das Gefühl, dass der Boden für uns vorbereitet war.

Komplette Gebetswochenenden erfordern einen hohen organisatorischen Aufwand, bieten aber eine ausgezeichnete Gelegenheit für konzentriertes Gebet. Sie fördern außerdem ein starkes Gefühl der Einheit. Natürlich kosten sie Zeit und Geld, deshalb ist ein Wochenende im Jahr wohl angemessen. Wenn Geld ein Problem sein sollte, kann man anbieten, dass die Gemeinde einen Teil der Kosten übernimmt, und sammelt eine Kollekte dafür ein. Eine Alternative zu einem ganzen Gebetswochenende kann ein Samstag »zu Hause« sein, bei dem man das Programm entsprechend anpasst.

Im Folgenden finden Sie einen Auszug aus einem Brief von einer Frau, die eines unserer Gebetswochenenden besuchte. Sie beschreibt, wie sie in der Zeit am Sonntagvormittag geheilt wurde, als Raum dafür war, sich gegenseitig zu dienen:

> *»Ich litt seit 14 Jahren unter einer Muskelerkrankung (Fibromyalgie), die in den letzten drei Jahren besonders schlimm war. Ich musste meinen Beruf als Köchin aufgeben und jede Nacht Armschienen tragen. Am Wochenende waren meine Handgelenke geschwollen, empfindlich und sehr schmerzhaft.*
> *Jemand betete für mich und ich spürte Wärme in meinen Armen. Am Nachmittag merkte ich, dass die Schwellung und der Schmerz verschwunden waren. Ich habe meine Arme seitdem genau beobachtet und auch bewusst getestet – Staubsaugen, das Baby heben, einkaufen – ausnahmslos Dinge, die vorher für mich schmerzhaft waren – und spürte nichts! Keine Schwellung, kein Schmerz, nichts – Lob sei Gott!«*

Gebetsfeiern

Unsere Gebetsfeiern verfolgen dasselbe Ziel wie der Samstagabend unserer Gebetswochenenden. Man kann beispielsweise um 19 Uhr beginnen und um 22 Uhr abschließen, damit die Teilnehmer sich vorher noch vom Arbeitstag erholen und etwas essen können und zu einem vernünftigen Zeitpunkt wieder nach Hause kommen.

Das Programm beginnt mit einer Anbetungszeit und einer kurzen Einführung. Die restliche Zeit wird in halbstündige Einheiten aufgeteilt, die jeweils von verschiedenen Personen geleitet werden. In dieser Zeit beschäftigen wir uns mit den Anliegen, auf die man sich im Vorfeld geeinigt hat. Die Gebetszeiten werden auch hier von Anbetungszeiten durchsetzt und mit den verschiedenen Modellen gestaltet, die in Kapitel 6 beschrieben sind. Inhaltlich könnte es um folgende Themen gehen:

- Sonntagsgottesdienste,
- Kleingruppen und seelsorgerliche Dienste,
- Anbetung,
- Alpha-Kurse,
- Familien und Beziehungen,
- andere Gemeinden,
- Kinder und Jugendliche,
- Obdachlose und Arbeitslose,
- Arbeit unter Strafgefangenen,
- Regierung,
- Frieden in Krisengebieten,
- landesweite Erweckung.

Wir hatten einmal die Gefängnispfarrer von Lewes und Dartmoor eingeladen. Es war sehr bewegend zu hören, wie Gott in diesen Gefängnissen wirkt, und dann für sie und die Ausbreitung ihrer Arbeit zu beten.

Wir veranstalten solche Gebetsfeiern nach Möglichkeit dreimal im Jahr und machen dafür im Vorfeld sehr viel Werbung. Inzwischen haben wir 300–500 Teilnehmer. Unter den Teilnehmern sind immer viele Besucher zu finden, auch aus dem Ausland. Es scheint Gott zu gefallen, wenn Christen unterschiedlicher Prägung zusammenkommen, um gemeinsam Fürbitte zu tun und um ihn anzubeten. Wir betrachten diese Veranstaltungen als ideale Gelegenheit, um für Erweckung zu beten. Bei einer der letzten Gebetsfeiern äußerte ein Teilnehmer:

»Vor der Gebetsversammlung hatte ich mich gefragt, ob sich das Gebet überhaupt lohnte, da Gott doch sowieso weiß, was wir beten, noch bevor wir es aussprechen. Während der Gebetszeit dachte ich wieder, ob das alles überhaupt Sinn mache. Während ich darüber nachdachte, hatte ich den Eindruck, dass Gott vom Himmel herunterschaute, und ich wusste, dass er sich über uns freute und uns zuhörte. Sekundenbruchteile später ging Jeremy ans Mikrofon und sagte, dass er das Gefühl hatte, sagen zu dürfen, dass ›Gott ganz Ohr war‹. Da wusste ich, dass sich das alles lohnte und wir mit unserem Gebet wirklich etwas veränderten.«

Gebetstage

Gebetstage sind ein weiteres Modell, das wir ausprobiert haben. Wir halten unsere reguläre Gebetsversammlung um sieben Uhr morgens. Thema des Tages ist »Erweckung in London«. Die Teilnehmer gehen anschließend ihren normalen Tagesaktivitäten nach, werden aber dazu ermutigt, das Mittagessen ausfallen zu lassen und stattdessen zu beten, entweder alleine oder in Kleingruppen.

Wir treffen uns dann um 19 Uhr wieder zu einem wie oben beschriebenen Gebetsabend. Die Gebetsversammlung am Abend scheint durch das Beten und Fasten während des Tages eine neue Dimension und Durchschlagskraft zu haben.

Gebetsnächte

Diese Gebetsnächte sind für uns die logische Weiterentwicklung der Gebetsabende am Freitagabend. Wir fangen um 22 Uhr am Freitag an und beten die ganze Nacht bis 6 Uhr morgens durch. Danach schließen wir mit einem gemeinsamen Frühstück ab.

Die Grundstruktur ist auch hier die gleiche. Wir fangen immer mit einer Anbetungszeit an, auf die eine kurze Einführung folgt. Bei der Einführung geht es weniger darum zu lehren als vielmehr darum, die Teilnehmer zu inspirieren und ihnen dabei zu helfen, sich zu konzentrieren. Nach der Begrüßung (wobei wir besonders die Gäste willkommen heißen) gehe ich kurz auf eine Bibelstelle wie, zum Beispiel 2 Chronik 7,13-14 oder Joel 2,13, ein. Danach beten wir.

Auch hier empfiehlt es sich wieder, die Gebetsnacht in kürzere Abschnitte zu unterteilen, die von verschiedenen Personen geleitet werden. Ich schlage folgende Struktur vor:

- *Anbetung/Einführung* (mehr Anbetung, weniger Einführung; 1 Stunde).
- Drei große Einheiten zu je eineinhalb Stunden, die von verschiedenen Leitern geleitet werden und aus der üblichen *Mischung von Anbetung und Gebet* bestehen (4,5 Stunden).
- Eine Einheit, bei der sich die Teilnehmer (beispielsweise vier) im Rahmen von *Kleingruppen* in verschiedenen Räumen aufteilen. Die Themen und Leiter dieser Gruppen werden vorher festgelegt, die Teilnehmer können wählen, welcher Gruppe sie sich anschließen wollen (2 Stunden).
- *Anbetung und Raum für prophetisches Reden* (0,5 Stunden)
- Natürlich sollte man immer genug *Spielraum* einplanen. Die Leiter der einzelnen Abschnitte sollten so viel Inspiration wie möglich einbringen (Videoclips, Dias, Hintergrundinformationen etc.). Gute Vorbereitung ist der Schlüssel zum Erfolg der Gebetsversamm-

lung. Dies und eine gute Leitung trägt wesentlich dazu bei, Menschen zum Gebet freizusetzen.

Um die ganze Nacht durchhalten zu können, brauchen wir jede zur Verfügung stehende Unterstützung inklusive Tee, Kaffee und einer kreativen Gestaltung der Gebetszeit. Bei einer unserer letzten Gebetsnächte stellten wir um fünf Uhr morgens telefonisch eine Live-Verbindung zu den Leitern einer Gemeinde in Dublin her. Mit unseren Geschwistern in Dublin zu sprechen und gemeinsam mit ihnen zu beten machte es uns leichter, bis zum Frühstück um sechs Uhr durchzuhalten.

Darüber hinaus bieten solche ausgedehnteren Gebetsveranstaltungen natürlich auch mehr Raum für Anbetung.

Gebetsboote

Dieser Form einer Gebetsveranstaltung liegt der Gedanke zugrunde, dass man hinaus zu den Menschen geht, um dort zu beten. Sie setzt voraus, dass man in der Nähe von Wasser lebt. Aber der entscheidende Punkt ist, dass wir in unsere Städte gehen, um zu beten, und das kann auch zu Fuß, im Auto oder einem anderen Transportmittel geschehen. Da London an der Themse liegt, kam uns im Jahr 1995 der Gedanke, dass es ganz kreativ wäre, von einem Themseboot aus für unsere Stadt zu beten. Ein Großteil des Lebens unserer Hauptstadt spielt sich entlang des Themseufers ab. So können wir direkt aus dem Herzen der Stadt für das Herz unserer Stadt beten.

Mit etwa 120 Personen an Bord legten wir am Pier von *Charing Cross* ab, fuhren an der *St. Paul's Cathedral,* dem *Monument*, dem *Tower* von London, dem Gebäude des »Express«, der *Waterloo Bridge*, dem Elektrizitätswerk von Battersea und dem Parlamentsgebäude vorbei, bevor wir umkehrten und an *Charing Cross* das Boot wieder verließen. Wir beteten an den einzelnen Stationen der Fahrt für die Kirche, die Stadt, die königliche Familie, die Medien, die Obdachlosen, dafür, dass London zu einem großen christlichen Zentrum wird, und für die Regierung. Die verschiedenen Gebetsmodelle funktionierten auch auf einem Boot und mit einem Lobpreisteam an Bord beteten wir Gott auf dem Weg zu den einzelnen Gebetsstationen an.

Die Bootsfahrt dauerte insgesamt drei Stunden und erwies sich als die effektivste Möglichkeit, für London zu beten. Das Ufer der Themse, das bei Nacht erleuchtet ist, bietet teilweise einen wunderschönen Anblick und ist sehr geschichtsträchtig. Die Objekte unserer Gebete vor Augen zu haben half uns dabei zu beten. Auch auf dem Boot hatten wir für die einzelnen Abschnitte unterschiedliche Leiter. Niemand wurde seekrank oder ging über Bord und wir kehrten alle sehr fröhlich zurück.

Kürzlich veranstalteten wir eine zweite Gebetsfahrt

auf einem Boot. Sie war ähnlich wie die erste, aber diesmal hatten wir ein noch größeres Boot und fast 300 Leute an Bord. Im Laufe des Abends teilten wir uns zweimal in zwei Gruppen auf. Die eine Gruppe blieb auf dem Oberdeck, um Gott anzubeten. Die andere Gruppe betete unter Deck für die verschiedenen Anliegen. Sie versammelte sich um verschiedene Banner, die jeweils mit einem bestimmten Anliegen verbunden waren, und beteten beim Anblick der Stationen jeweils für das Anliegen, das damit in Verbindung stand. Als wir beispielsweise am *St. Thomas Hospital* vorbeifuhren, beteten sie um Heilung.

Gebetspartys an Silvester

Gegen Ende 1995 beschlossen wir, das neue Jahr mit einer »Gebetsparty« zu begrüßen. Ich muss zugeben, dass meine Erwartungen nicht sehr hoch waren, aber ich irrte mich. Eine Menge Leute kamen zu der Veranstaltung, die von 22 Uhr bis Mitternacht dauerte und nach der es dem Jahreswechsel angemessene Erfrischungen gab.

In diesem Jahr begannen wir bereits um 21 Uhr, hatten eine ausgedehntere Anbetungszeit, eine Zeit, in der Raum für prophetisches Reden war, sowie eine Gebetszeit, während der wir zu Musikuntermalung Bilder zeigten, die die Themen illustrierten.

Insgesamt beteiligten sich 500 Personen, und viele von uns kamen zu dem Schluss, dass das die beste Möglichkeit ist, das neue Jahr zu begrüßen. Wir sind sehr froh darüber, dass wir damit schon so etwas wie eine Tradition eingeführt haben.

Thematische Gebetsveranstaltungen

Manchmal kann es sehr effektiv sein, sich in einer Gebetsversammlung nur auf ein bestimmtes Thema zu konzentrieren. Wir veranstalteten eine solche Gebetsversammlung, um vor den ersten allgemeinen Wahlen, durch die Nelson Mandela Präsident wurde, für Südafrika zu beten. Man ging damals davon aus, dass Gewalt und Totschlag unausweichlich seien. Ich erinnere mich noch gut daran, wie begeistert wir waren, als die Wahlen friedlich verliefen.

Ein anderes Mal leitete Deirdre Hurst, die bei uns in der Gemeinde regelmäßig Gebetsversammlungen leitet, eine thematische Gebetsversammlung für Regen in Simbabwe, das von einer akuten Dürreperiode betroffen wurde. Hier finden Sie Deirdres Bericht über diese Veranstaltung:

»Es ist schwierig, Ursache und Wirkung zu beweisen, aber wir glauben gern, dass Gott unser Gebet beantwortet hat, wenn Ereignisse zeitlich zusammenfallen.

Eine solche Erfahrung machten wir im Herbst 1995. Im September war aus unserer Gemeinde ein Team zu einer Alpha-Konferenz in Simbabwe gewesen und hatte die Dürre gesehen, die dort herrschte. Die Regenzeit hätte Ende August beginnen sollen, aber bisher hatte es nur ein paar leichte Schauer statt des starken Regens gegeben, den das Land dringend brauchte. Berichte über die Dürre erreichten uns durch ein Mitglied aus unserer Gemeinde, dessen Familie aus Simbabwe kommt. Die Leute beteten natürlich, aber da die Dürre anhielt, schien noch mehr Gebet nötig zu sein.
Also beriefen wir eine Gebetsversammlung ein, um für Regen zu beten. Wir beteten, wobei wir eine Kombination aus Gebet und Anbetung sowie verschiedene Gebetsmodelle einsetzten. Mit einer Landkarte von Simbabwe halfen wir den Betern, sich auf das Land einzustellen und konkret zu beten.
Wenige Tage später bekamen wir die neuesten Nachrichten aus Simbabwe. Es hatte angefangen zu regnen – der starke Regen, den das Land brauchte, war gekommen. Wir wussten, dass viele andere Menschen gebetet hatten, und glauben natürlich nicht, dass an unseren Gebeten etwas Besonderes war. Aber vielleicht durften wir einen kleinen Beitrag zu Gottes übergeordnetem Plan leisten.«
Vor kurzem hatten wir eine thematische Gebetsversammlung, bei der wir um Frieden in Nordirland bete-

ten. Bei solchen Gelegenheiten hilft es, sich daran zu erinnern, dass es nicht um unsere Stärke oder um das geht, was wir tun können. Wir müssen uns auf den einen konzentrieren, an den wir unsere Gebete richten, und auf das, was nur er tun kann. Dann scheinen die Anliegen eher zu bewältigen zu sein.

Zusammenfassung

- Gebetswochenenden:
  a) auswärts,
  b) ein Samstag »zu Hause«,
- Gebetsfeiern – eine ausgedehnte Zeit an einem Abend mit Gebet und Anbetung,
- Gebetsnächte – die Nacht durchbeten,
- Gebetsboote – in der Stadt für die Stadt beten,
- Gebetsparty an Silvester – in das neue Jahr hineinbeten,
- thematische Gebetsversammlungen – eine ganze Gebetsversammlung zu einem einzigen Thema.

Kapitel 8

Und die Zukunft?

»Komm plötzlich, komm mit großer Macht ...« (Jes 64,1).

Am 4. Januar 1990 zeigte mir Gott, wie ich glaube, etwas von seinen Plänen für die kommenden Jahre. Es war früh am Morgen und ich betete. Obwohl ich nichts Ungewöhnliches erwartete, hatte ich etwas, das eine Vision zu sein schien. Ich sah Regen, der senkrecht auf sehr trockenes und ausgedörrtes Land fiel. Zuerst konnte er wegen der Trockenheit des Bodens nicht aufgenommen werden und blieb ein paar Zentimeter hoch auf der Oberfläche stehen. Dann sickerte er in den Boden ein. Ich hatte auch den Eindruck eines Pfluges, der die Mitte unseres Landes umpflügte, den alten Boden umdrehte und den neuen Boden an die Oberfläche brachte.

Ich glaube, dass diese Vision das Ende der geistlichen Dürre in unserem Land ankündigte. Sie schien zu symbolisieren, dass Gott ganz massiv seinen Heiligen Geist ausschütten wird. Als der Regen einsickerte, schien er den Boden auszuwaschen, was meinem Empfinden nach für eine Zeit der Vergebung und Heilung steht. Es gibt vieles zu bereuen in der Kirche und in unserem Land.

Das Bild des Pflugs lässt vermuten, dass wir dem neuen Leben Raum geben sollten, das Gott in seiner Kirche an die Oberfläche bringen und wachsen lassen will. Seitdem haben wir eine neue Ausgießung des Heiligen Geistes erlebt, die das Leben vieler Gemeinden stark verändert hat. Es gibt auch andere ermutigende Lebenszeichen, zum Beispiel die Verbreitung des Alpha-Kurses, das zunehmende Wirken Gottes in den Gefängnissen unseres Landes, der neue Hunger nach Gebet und die Tausende Christen, die sich bei Veranstaltungen wie dem Jesus-Marsch zusammenschließen.

Mein Anliegen mit diesem Buch ist es, jeden Leser zu ermutigen zu sehen, dass dynamisches, mitreißendes und produktives Gebet eine zentrale Stellung im Leben unserer Gemeinden haben sollte. Wenn Sie darüber nachdenken, Gebetsversammlungen ins Leben zu rufen, rate ich Ihnen, klein anzufangen und groß zu denken. Wer weiß, was sich daraus in den nächsten zehn Jahren entwickelt? Das schöne an den meisten Gebetsmodellen, die in diesem Buch beschrieben werden, ist die Tatsache, dass sie auf allen Ebenen funktionieren, angefangen mit einer Hand voll Beter. Deshalb sind sie für die verschiedensten Gruppierungen geeignet, die in den meisten Kirchen zu finden sind. Ich weiß nicht, wo uns diese Reise hinführt, aber ich weiß, dass noch ein langer Weg vor uns liegt. Das Ziel ist die Erfüllung der Worte, »dein

Reich komme, dein Wille geschehe, wie im Himmel, so auch auf Erden«.

Die »gesunde« Kirche und Gesellschaft, nach der wir uns sehnen, ist nur durch Gebet zu verwirklichen. Ich bin davon überzeugt, dass Gott seine Macht in unserem Land in einem Maß freisetzen möchte, wie wir es zuvor noch nicht erlebt haben. Wir sollten mit ganzem Herzen und ganzer Kraft »Ja, Herr« sagen. Dann wird es uns schwer fallen, zu beten aufzuhören, bevor Gott sein Werk vollendet hat. Wie bei Jesaja sollten auch wir rufen: »Komm plötzlich, komm mit großer Macht …« (Jes 64,1). Dazu gehört ganz entschieden dynamisches Gebet in der Ortsgemeinde. Die Kirche ist schließlich die einzige Armee der Welt, die den Sieg auf ihren Knien erringt.